本书系浙江理工大学学术著作出版资金资助（2024 年度）项目

数字化协同

酒店与在线旅行社合作的收益管理研究

SHUZIHUA
XIETONG

Jiudian yu Zaixian Lüxingshe
Hezuo de Shouyi Guanli Yanjiu

董玉凤　凌六一　◎著

中国财经出版传媒集团

经济科学出版社
Economic Science Press

·北京·

图书在版编目（CIP）数据

数字化协同：酒店与在线旅行社合作的收益管理研究／董玉凤，凌六一著 . -- 北京：经济科学出版社，2024.9. -- ISBN 978 - 7 - 5218 - 6250 - 8

Ⅰ. F719.2；F590.82

中国国家版本馆 CIP 数据核字第 2024TT3876 号

责任编辑：周国强
责任校对：王肖楠
责任印制：张佳裕

数字化协同：酒店与在线旅行社合作的收益管理研究
SHUZIHUA XIETONG：JIUDIAN YU ZAIXIAN LÜXINGSHE HEZUO DE
SHOUYI GUANLI YANJIU
董玉凤　凌六一　著
经济科学出版社出版、发行　新华书店经销
社址：北京市海淀区阜成路甲 28 号　邮编：100142
总编部电话：010 - 88191217　发行部电话：010 - 88191522
网址：www. esp. com. cn
电子邮箱：esp@ esp. com. cn
天猫网店：经济科学出版社旗舰店
网址：http：//jjkxcbs. tmall. com
北京季蜂印刷有限公司印装
710 × 1000　16 开　13 印张　200000 字
2024 年 9 月第 1 版　2024 年 9 月第 1 次印刷
ISBN 978 - 7 - 5218 - 6250 - 8　定价：86.00 元
（图书出现印装问题，本社负责调换。电话：010 - 88191545）
（版权所有　侵权必究　打击盗版　举报热线：010 - 88191661
QQ：2242791300　营销中心电话：010 - 88191537
电子邮箱：dbts@ esp. com. cn）

随着旅游电子商务的全面兴盛，在线旅行社（online travel agency，OTA）在酒店的营销体系中占据着举足轻重的地位，酒店通过与OTA建立合作关系，旨在拓宽在线市场、提升市场竞争力。然而，客源的竞争态势、价格控制的挑战以及高额佣金的问题，均导致了酒店自营渠道与OTA之间的冲突日益显著。因此，OTA既为酒店带来了前所未有的发展机遇，也使其面临着更为严峻的挑战。

本书全面系统地回顾并论述了酒店与OTA合作背景下的收益管理研究，深入概述了该领域的研究现状，为后续研究奠定了坚实的理论基础。在此基础上，本书从酒店客房分配策略、定价策略、取消政策以及超售策略四个核心维度，对酒店的收益管理进行了深入探讨。

首先，本书聚焦于酒店客房在酒店自营渠道与OTA之间的最优分配策略。在酒店与OTA合作销售客房的背景下，酒店须向OTA支付高额佣金，或仅能获得远低于客房零售价格的批发价。因此，酒店需通过优化分配给OTA的客房数量，在提高入住率的同时增加自营渠道的收益，从而实现收益最大化。通常顾客可通过OTA以两种方式预订客房：一是直接预订酒店客房；二是购买包含酒店客房的旅行套餐。据此，本书第3章深入分析了OTA直接销售客房时，酒店如何在自营渠道与OTA之间有效分配客房。第4章则探讨了酒店与OTA合作经营旅行套餐时OTA的最优叫价策略，并分析了不同情境下酒店预留给OTA的旅行套餐的最优客房数量。

其次，与大型酒店相比，中小型酒店往往缺乏自营网络平台，因此极度依赖 OTA 进行客房销售。鉴于价格的非透明性，本书假设酒店与 OTA 之间采用净价模式进行合作。在此基础上，第 5 章和第 6 章构建了酒店与 OTA 之间的斯坦伯格（Stackelberg）博弈模型，深入探讨了双方之间的最优定价策略，包括酒店客房的最优售价以及 OTA 支付给酒店的最优批发价。研究表明，酒店与 OTA 之间的合作能够显著提升双方的收益。

再次，考虑到顾客晚取消和未出现（late cancellations and no-shows，LC&NS）对酒店和 OTA 造成的重大影响，以及由此带来的巨额财务损失，本书第 7 章在 OTA 与酒店合作的背景下，提出了针对同质酒店客房的不同取消政策（即可取消和不可取消）的个性化定价策略。通过建立酒店和 OTA 之间的斯坦伯格博弈模型，本书确定了 OTA 的最优个性化定价策略。研究结果显示，由于房价和 OTA 需求的增加，这种个性化定价策略能够显著提升酒店的收入。然而，OTA 的收入改善仅限于酒店散客需求保持稳定且处于较高水平的情况，并且渠道内和跨渠道的需求泄露效应显著。

最后，本书深入分析了酒店与 OTA 合作背景下的超售策略。酒店行业常常面临一种现象，即已预订客房的顾客可能在入住当天很晚才取消订单，或在不通知酒店的情况下放弃旅行或改变行程。由于酒店客房的易逝性，即无法像传统产品一样保留至未来进行销售，因此一旦客房空置，便无法为酒店带来任何收益。为此，酒店通常采用超售策略以提高客房入住率。第 8 章分析了酒店与多家相互竞争的 OTA 合作时如何制定最优定价策略和超售策略，并探讨了这些策略对酒店与 OTA 合作过程的影响。然而，酒店实施超售策略后，入住当天到达酒店的顾客数量可能超过客房容量，导致实际超售情况发生，迫使酒店拒绝部分顾客入住，从而给酒店带来经济和声誉损失。因此，第 9 章从酒店的服务水平和顾客可能被拒绝的概率两个维度，深入剖析了酒店的超售策略。

在研究过程中，本书的创新性主要体现在以下几个方面：

第一，本书提出了一种新的方法来优化客房在酒店自营渠道与 OTA 之间的分配。假设在客房预订初期，顾客可以通过酒店直接预订客房，或通过 OTA 间接下单；一段时间后，酒店根据收到的订单信息预测未来需求，判断能否在未来独自售完剩余客房，从而决定是否继续将客房分配给 OTA 销售。此外，酒店通过不断更新订单信息动态调整决策，以获得更准确的分配方案。研究表明该方法能够有效提升酒店收益。

第二，在分析酒店与 OTA 合作经营旅行套餐时，本书采用修正的净价模式来刻画双方之间的合作。传统的净价模式假设酒店是斯坦伯格博弈的领导者，并决定支付给 OTA 的客房批发价。然而，随着旅游电子商务的快速发展，OTA 在与酒店的合作过程中议价能力逐渐增强，特别是在与规模较小的酒店合作时表现得更为强势。因此，第 4 章假设 OTA 为博弈领导者，主动对酒店客房的批发价进行叫价，酒店作为跟随者再根据这个叫价决定预留给 OTA 的旅行套餐的客房数量。对于谈判过程中处于强势的 OTA 和相对弱势的酒店而言，本书提出的合作模式更为贴近实际。

第三，本书创新性地提出了基于同种客房不同取消政策的个性化定价策略，并验证了该策略能够有效提升酒店和 OTA 的收益。此外，通过引入渠道内需求泄露效应和跨渠道需求泄露效应，本书更准确地刻画了个性化定价策略引起的需求变化情况。

第四，酒店一方面通过与 OTA 合作来拓宽在线市场、提高在线市场竞争力，另一方面采取超售策略来应对顾客很晚取消订单或在不通知酒店的情况下放弃旅行或改变行程的情况。第 8 章将酒店的这两种策略结合起来，分析与多家相互竞争的 OTA 合作背景下酒店的最优定价策略和超售策略，并探讨了这两种策略对酒店与 OTA 合作过程的影响。

第五，关于酒店的超售策略，过去的研究主要强调其能提高酒店入住率，并提出相应方法来计算最优超售量。第 9 章首次从酒店超售策略可能带来的不良后果角度出发，深入分析了酒店的超售策略。具体而言，本章计算了不同现金赔偿下酒店的服务水平，以及成功预订客房的顾客在入住日期被酒店拒绝的概率。酒店可根据计算得到的服务水平反向调整其超售策略。此外，本章还从顾客角度深入剖析了酒店超售策略的产生过程，通过对顾客成功入住酒店的概率进行分析，为顾客预订酒店提供了参考意见。

本书依托于笔者的博士论文《与在线旅行社合作背景下酒店的收益管理研究》及相关研究成果。在此，我衷心感谢我的博士生导师中国科学技术大学副教授凌六一先生对本书相关研究的悉心指导和支持，在博士论文阶段，他的宝贵建议对我的研究起到了至关重要的作用。本书在写作过程中得到了中国科学技术大学郭晓龙教授、中国科学技术大学梁樑教授、北京工商大学和澳门城市大学杨晶晶教授的宝贵建议与帮助。本书的撰写有幸得到了国家自然科学基金（项目编号：71701186、72171220）和浙江省自然科学基金项目（项目编号：LQ17G010004）的大力支持，在此一并表示衷心的感谢。

本书一共 10 章，其中董玉凤撰写第 1 章、第 2 章、第 3 章、第 4 章、第 7 章、第 8 章、第 9 章、第 10 章以及辅文部分，凌六一撰写第 5 章和第 6 章。

董玉凤

目　录

第1章　导论 ……………………………………………………… 1

　1.1　研究背景和意义 ………………………………………… 1

　1.2　研究内容与预期结果 …………………………………… 6

　1.3　研究方法 ………………………………………………… 8

　1.4　结构安排 ………………………………………………… 8

第2章　文献综述 ……………………………………………… 10

　2.1　酒店的在线营销 ……………………………………… 10

　2.2　酒店与 OTA 的合作研究 ……………………………… 11

　2.3　酒店的收益管理 ……………………………………… 14

第3章　酒店客房在其自营渠道和 OTA 之间的最优分配策略研究 ……… 24

　3.1　背景介绍 ……………………………………………… 24

　3.2　问题描述 ……………………………………………… 27

　3.3　最优解的求解方法 …………………………………… 30

　3.4　算例分析 ……………………………………………… 31

　3.5　本章小结 ……………………………………………… 35

　本章附录 …………………………………………………… 37

第4章　旅行套餐建模：基于 OTA 主动叫价的酒店客房分配策略研究 ········· 39

4.1　背景介绍 ·· 39

4.2　问题描述与集中式模型 ························· 43

4.3　非集中式模型和供应链协调 ··················· 45

4.4　均匀分布下的最优决策及算例分析 ············· 49

4.5　拓展 ··· 62

4.6　本章小结 ··· 67

　　本章附录 ··· 69

第5章　与 OTA 合作时中小型酒店的最优定价机制研究 ·············· 72

5.1　引言 ··· 72

5.2　模型描述 ··· 73

5.3　非集中式情形下的合作 ··························· 76

5.4　全渠道供应链协调 ································· 80

5.5　OTA 与多家酒店合作的情形 ··················· 82

5.6　本章小结 ··· 83

　　本章附录 ··· 84

第6章　酒店与合作 OTA 的最优定价策略研究 ················· 93

6.1　引言 ··· 93

6.2　酒店与 OTA 的合作问题阐述 ················· 94

6.3　酒店对 OTA 的最优定价策略 ················· 96

6.4　相关参数对最优房价和收入的影响 ············· 99

6.5　本章小结 ··· 109

第7章　OTA 基于不同取消政策的酒店客房个性化定价研究 ··········· 110

7.1　背景描述 ··· 110

7.2　模型描述　……………………………………………… 112

7.3　决策分析　……………………………………………… 116

7.4　基准情形：统一定价　………………………………… 119

7.5　数值分析　……………………………………………… 120

7.6　本章小结　……………………………………………… 137

本章附录　……………………………………………… 140

第 8 章　与 OTA 合作背景下酒店的超售策略研究　……………… 143

8.1　研究背景　……………………………………………… 143

8.2　模型描述　……………………………………………… 145

8.3　最优解及结果讨论　…………………………………… 149

8.4　扩展：超售策略带来的收益改善　…………………… 153

8.5　本章小结　……………………………………………… 155

第 9 章　从实际超售角度分析酒店与 OTA 合作背景下的超售策略　…… 157

9.1　研究动机　……………………………………………… 157

9.2　问题描述　……………………………………………… 158

9.3　模型求解　……………………………………………… 161

9.4　酒店的顾客服务水平和实际超售的概率　…………… 163

9.5　本章小结　……………………………………………… 166

第 10 章　总结与展望　…………………………………………… 168

10.1　总结　…………………………………………………… 168

10.2　展望　…………………………………………………… 171

参考文献　………………………………………………………… 173

第 1 章

导　论

1.1　研究背景和意义

1.1.1　研究背景

随着信息技术的快速发展，旅游业早已进入了旅游电子商务时代。旅游电子商务，即基于互联网平台的在线旅游交易已成为旅游营销的新模式。易观分析（2024）的数据显示，2023 年我国的旅游电子商务市场规模达到11112.6 亿元，其中在线旅游市场交易规模为 8500 亿元，占比超过 80%。在此背景下，2023 年 3 月 24 日，文化和旅游部发布《文化和旅游部关于推动在线旅游市场高质量发展的意见》，继续推动中国在线旅游行业的发展。

随着互联网的普及和网络环境的优化，呼叫中心作为曾经的旅游电子商务交易的主要渠道，其业务比率正逐步下降；相反，在线预订正成为越来越受顾客青睐的预订渠道。在这种背景下，在线旅行社（online travel agency，OTA）成为酒店客房等旅游产品在线营销的主要平台之一。OTA 的以下优点决定了 OTA 在酒店预订服务中的重要地位：第一，OTA 聚集了不同价格、不同地点的不同酒店的各种信息，顾客可以通过 OTA 方便地检索出各种酒店，并快速对比客房的价格、设施条件等从而选出最合适的酒店。第二，OTA 除了向顾客提供返券、积分等传统优惠活动外，还为通过其销售平台预订并成功入住酒店的顾客提供一定数额的返现（Guo et al.，2014）。例如，携程和艺龙均为成功入住的顾客提供每晚 10～100 元不等的返现，这种比积分或返券更加直接的促销策略广受消费者的青睐。第三，OTA 向顾客提供各种经济的旅行套餐，顾客通过购买旅行套餐能够一次性预订机票、酒店、租车、景点门票等所有服务，而不需要单独向不同的服务提供商预订。另外，酒店的自身局限也是 OTA 广受欢迎的原因之一，即当酒店规模较小时，其官方网站不足以吸引足够多的旅客，有的酒店甚至没有官方网站。因此，酒店与 OTA 建立合作关系成为酒店拓宽在线市场、提高网络竞争优势的重要举措（Ma，2009；Medina-Muñoz & García-Falcón，2000）。这种合作关系本质上是一种精心构建的战略联盟。OTA 凭借其广泛的在线影响力和用户友好的界面，在吸引多元化旅行者群体方面发挥着至关重要的作用。通过与 OTA 的合作，酒店能够在全球范围内显著提升其知名度和覆盖面，从而拓宽潜在市场的边界。这种互利共生的合作关系不仅为酒店带来了更高的市场曝光率，提高入住率，还能使酒店在数字化和在线预订渠道主导的新时代中，灵活适应现代旅行者不断变化的需求和偏好（Chang et al.，2019；Lee et al.，2013a；Riasi et al.，2019）。

实践中，酒店与 OTA 之间的合作模式主要有两种：一种是委托代理模式（agent model），即顾客通过 OTA 预订客房，在入住当天到酒店登记入住并支付酒店房费；OTA 在顾客成功入住后从酒店获得一定的佣金，如图1.1（a）所示。这种情况下，OTA 通过赚取酒店支付的佣金获得收益。本书的第3章、第7章、第8章、第9章都采用委托代理模式。值得强调的是，委托代理模型中，酒店必须向 OTA 支付高额的佣金（Toh et al.，2011b；Tse，2003）。酒店支付给 OTA 的佣金比例高达客房收益的 15%～

30%；对于小型酒店，由于其议价能力较低，OTA 索取的佣金比例更高。另一种是净价模式（merchant model），即酒店以低于其房价的批发价将客房提供给 OTA 销售，OTA 再通过最大化自身的收益决定客房的销售价格并销售给在线顾客，如图 1.1（b）所示。这种模式中，OTA 通过赚取客房售价与批发价之间的差价获得收益。本书第 4～6 章旅行套餐建模中采用净价模式。

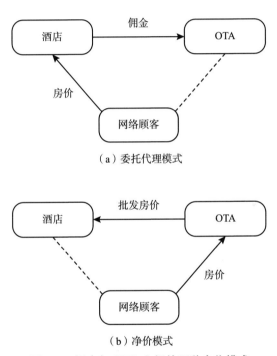

（a）委托代理模式

（b）净价模式

图 1.1　酒店与 OTA 之间的两种合作模式

无论是在委托代理模式还是在净价模式下，通过酒店自营渠道预订客房的顾客给酒店带来的边际收益都比通过 OTA 预订客房的顾客带来的边际收益高。然而，由于 OTA 的方便性和经济性，大量顾客通过 OTA 预订客房，酒店的一大部分在线顾客来自 OTA 而不是酒店的官方网站（Law & Cheung，2006；Nelson，2004）。这种情况导致了 OTA 与酒店之间的强烈竞争格局，引起了酒店的直营渠道与 OTA 之间的渠道冲突。徐亮等（Xu et al.，2014）指出，由于 OTA 在网络环境下更具市场吸引力，使酒店在两者的竞争关系中处于劣势。因此，OTA 为酒店拓宽在线市场、提升网络竞争能力的同时，也给酒店带来巨大的挑战。

因此，酒店一方面依赖 OTA 开辟在线营销市场，另一方面需要正确处理与 OTA 之间的竞争关系和两种营销渠道之间的冲突问题。在这种背景下，研究与 OTA 合作背景下酒店的收益管理显得尤为重要。金姆斯和蔡斯（Kimes & Chase，1998）将酒店收益管理定义为：通过可变定价策略和容量管理手段来控制客户需求，从而提高酒店收益的行为。长久以来，酒店的收益管理不仅是学术研究中的热门话题，也是实践中酒店经营者关注的核心问题。

本书通过建立酒店与 OTA 之间的合作模型，从酒店客房在两者之间的分配、定价策略、客房取消政策、酒店的超售策略四个角度分析酒店的收益管理。首先，考虑到酒店自营渠道与 OTA 之间的竞争关系，本书研究酒店客房在酒店自营渠道和 OTA 之间的分配方案，分析酒店分配给 OTA 的最优客房数量，从而在提升酒店入住率的同时最大化其收益。其次，本书提出基于同质客房不同取消政策的个性化定价策略，分析如何制定最优可取消客房和不可取消客房的房价以提高酒店和 OTA 的收益。最后，考虑到部分顾客很晚取消订单或失约的情况，本书分析酒店与 OTA 合作的背景下如何制定最优超售策略，并分析超售策略对两者之间的合作影响。此外，定价策略作为酒店的收益管理的研究杠杆之一，本书在各章节对其进行了详细分析。

1.1.2　研究意义

本书旨在研究酒店在与 OTA 合作的背景下，通过客房分配、定价策略、客房取消政策、超售策略四种收益管理手段最大化酒店的收益。本书研究具有重要的理论和实践意义。理论意义表现在：

首先，本书从个体层面分析酒店与 OTA 之间的合作过程，丰富了酒店与 OTA 之间的合作的研究方法。以往的研究主要从战略联盟角度探讨酒店与 OTA 之间的合作，并分析影响合作的主要因素（Byrd，2007；Chathoth & Olsen，2003；Dickson et al.，2006；Jamal & Getz，1995；Ku et al.，2011a）。本书通过建立酒店与 OTA 之间的斯坦伯格博弈模型，详细刻画两者之间的具体合作过程。

其次，本书将供应链的概念应用到酒店行业中。供应链的理论较多应用于传统制造业，目前在酒店行业的应用较少。随着电子商务的快速发展，酒店越来越强调与第三方组织合作的重要性。因此，协调酒店与第三方组织、酒店与顾客乃至整个服务供应链各方的利益越来越重要。将供应链的理论应用于酒店行业有助于酒店行业的可持续发展。

再次，本书为酒店客房在酒店的自营渠道和 OTA 之间的分配提出一种新方法。研究证明，该方法能够有效提高酒店的收益。

最后，电子商务和信息技术的快速发展，使酒店与 OTA 之间的合作成为必然。本书在酒店与 OTA 合作的背景下，研究酒店的收益管理问题。具体来说，分析了酒店支付给 OTA 的最优佣金、客房的最优批发价和零售价、客房在酒店自营渠道和 OTA 之间进行最优分配方案等。本书的研究主题紧密贴合酒店业的最新研究方向，并得出有意义的研究结论。

在实践方面，尽管近年来旅游市场的快速扩容促进了酒店行业的迅猛发展，但酒店客房的入住率依然不高，酒店的收益存在很大的提升空间。且随着 OTA 的快速渗透，酒店在迎来新的机遇的同时也面临着巨大的挑战。本书探讨酒店如何在与 OTA 合作的背景下最大化自身的收益，使酒店在抓住发展机遇的同时从容面对挑战，既能通过 OTA 吸引网络顾客、拓宽在线市场，又能有效解决与 OTA 的渠道冲突问题。因此，本书的研究为酒店业乃至旅游业的发展提供了重要参考。

1.2 研究内容与预期结果

本书的研究内容包括四大部分。第一部分对应第3~4章，研究酒店客房在酒店自营渠道与OTA之间或者OTA的旅行套餐之间的最优分配方案；第二部分对应第5~6章，研究酒店与OTA合作背景下的定价机制研究；第三部分对应第7章，研究基于同种客房不同取消政策的个性化定价策略；第四部分对应第8~9章，分析酒店与OTA合作情况下的最优超售策略。

第3章分析酒店客房在其自营渠道和OTA之间的最优分配方案，从而最大化酒店收益。本书研究酒店的动态决策过程，假设在客房预订初期，顾客可以直接通过酒店的自营渠道预订客房，如通过电话联系、访问酒店的官方网站或者在酒店服务台进行预订，也可以访问OTA的网站下订单。一段时间后，酒店根据已经收到的订单情况，采用曲线拟合的方法预测未来的需求，并通过最大化其收益判断何时向OTA宣布没有客房供其销售。此外，酒店不断更新已收到的订单信息，重复决策以得到更准确的客房分配方案。本书提出的合作方法能够提高酒店的收益。

第4章探讨基于OTA主动叫价的旅行套餐模型，分析酒店如何与OTA合作经营旅行套餐。随着电子技术的快速发展，携程、Expedia等OTA在与酒店的合作过程中议价能力越来越强。此时，客房的批发价不再由酒店决定，而是由较为强势的OTA进行出价。因此，不同于以往的研究，第4章运用修正的净价模式描述酒店与OTA之间的合作，即OTA占据斯坦伯格博弈中的主导地位成为行为领导者，对酒店客房批发价进行叫价；而酒店是行为跟随者，根据OTA对客房批发价的叫价决定预留给OTA的旅行套餐的客房数量。本章首先建立一家OTA与一家酒店之间的斯坦伯格模型并得出最优解；然后，分析当酒店提供给传统顾客的房价对OTA不透明时，OTA如何通过启示性原则使酒店尽量披露真实的房价信息。最后，本研究对模型进行拓展,建立多家相互竞争的酒店与一家 OTA 之间的合作模型,并给出最优解的求解方法。研究发现,大型酒店、传统顾客需求比较小的酒店会预留更多客房给 OTA 的旅行套餐;小型酒店、传统顾客需求比较稳定的酒店预留给 OTA 的旅行套餐的客房数量较少。

第 5 ~ 6 章分析探讨在竞价模式下酒店与 OTA 如何确定客房最优定价。第 7 章进一步探讨基于不同取消政策的个性化定价策略。OTA 针对同质酒店客房的不同取消政策(即可取消和不可取消)的个性化定价策略。首先,通过建立酒店和 OTA 之间的斯坦伯格博弈模型,酒店确定可取消客房的最优房价,OTA 确定不可取消客房的价格。在个性化定价策略下,高价位顾客转向低价位顾客市场,从而导致需求泄露。因此,本章进一步讨论 OTA 渠道内部可取消客房市场向不可取消市场的需求泄露效应,以及酒店网站的可取消客房市场向 OTA 的不可取消客房市场的跨渠道需求泄露效应等参数对最优定价策略和最优收益的影响。

第 8 章分析酒店与多家 OTA 合作的情况下如何制定最优定价和超售策略,并分析它们对两者之间合作的影响。本章首先建立酒店与 n 家 OTA 之间的斯坦伯格博弈合作模型,并得到最优解;其次,通过灵敏度分析探讨系统参数对最优决策的影响;最后,通过建立酒店不采用超售策略的基准模型,对比分析超售策略对酒店和各 OTA 的收益改善情况。

最后,由于超售策略可能导致酒店实际超售,即入住日期到达酒店的顾客数量超过了酒店的客房容量,使得酒店不得不拒绝部分顾客入住。第 9 章从实际超售的角度分析酒店的超售策略,计算不同赔偿金下顾客被拒绝的概率和酒店的服务水平。为了提升顾客的满意度,减小实际超售给酒店带来的名誉损失,酒店的服务水平必须达到一定的水平。因此,酒店可根据计算得到的服务水平,反过来调整其超售策略。同时,根据计算顾客被拒绝的概率,本研究能够为顾客的酒店预订服务提供一定的参考,从而使顾客选择最合适的酒店。

1.3　研　究　方　法

本书应用的方法主要有需求预测法和博弈论。具体如下：

需求预测被广泛应用在酒店管理的研究中，例如，库普里奥奇纳等（Koupriouchina et al.，2014）和韦瑟福德等（Weatherford et al.，2001）的研究。在本书的第 3 章中，酒店根据收到的订单情况，通过曲线拟合的方法预测未来的需求，从而决定酒店客房在其自营渠道和 OTA 之间的分配。

博弈论被广泛应用于具有竞争关系的决策者的相互作用中（Munson & Rosenblatt，2001；Pohjola，1983；Qin et al.，2007）。本书应用斯坦伯格博弈理论构建酒店与 OTA 之间的合作模型。博弈过程中的先出手的决策者被称为领导者，而后出手的被称为跟随者，通过逆向归纳法能得到斯坦伯格博弈模型的最优解。本书第 5~9 章假设酒店是领导者，决定其提供给 OTA 的佣金，而作为跟随者的 OTA 根据酒店的决策随后决定其最优努力水平。然而，考虑到 OTA 在博弈过程中逐步增强的议价能力，本书在第 4 章探讨旅行套餐的最优定价策略时，假设 OTA 是博弈领导者，对客房的批发价进行叫价，随后作为跟随者的酒店决定预留给 OTA 的旅行套餐的客房数量。

1.4　结　构　安　排

本书总共包括 10 章，其结构安排如图 1.2 所示，各章的主要内容和相互关系如下：

第 1 章导论详细阐述研究的理论背景和现实意义，概述本书的研究内容及相关结论，介绍本书使用的研究方法。第 2 章阐述与本书相关的文献，通过比较分析突出本书的创新之处。第 3 章分析酒店与 OTA 合作时，客房在其自营渠道与 OTA 的销售渠道之间最优分配方案。第 4 章分析酒店与 OTA 合作经营旅行套餐时，酒店分配给 OTA 的旅行套餐的最优客房数量。第 5 章和第 6 章探讨 OTA 与酒店合作背景下的最优定价策略。第 7 章探讨同种客房基于不同取消政策的个性化定价策略。第 8 章分析酒店与多家 OTA 合作背景下的最优定价策略和超售策略。第 9 章从实际超售角度分析酒店的超售策略，即分析超售策略下酒店的服务水平和顾客成功下订单却被酒店拒绝的概率。第 10 章对本研究进行总结，在分析本书不足的基础上，指出未来的研究方向。

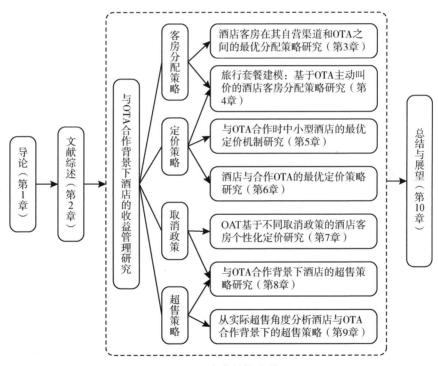

图 1.2　本书结构安排

第 2 章

文献综述

本章从酒店的在线营销渠道、与 OTA 的合作以及收益管理三方面分析与本书相关的文献,其中主要从客房分配方案、取消政策、客房定价策略和超售策略四个角度来分析酒店的收益管理。通过分析本书与这些文献的关联和不同之处,突出本书的创新性和研究必要性。

2.1 酒店的在线营销

随着旅游电子商务的快速发展,在线营销在服务业营销中占据重要地位(Gregory & Breiter,2001;Kim et al.,2007;Theodosiou & Katsikea,2012)。酒店利用互联网收集顾客信息,了解顾客的不同需求从而提高服务质量,并通过改善网络营销系统来提高收益(O'Connor & Frew,2002)。因此,酒店的在线营销引起了学者的广泛关注。

奥康纳和弗鲁(O'Connor & Frew,2004)指出,尽管电子分销渠道在酒店营销系统中的作用越来越重要,但是酒店不应该盲目采用,他们应该事先对影响电子分销渠道的应用的关键因素进行评估,再决定是否采用或者继续使用该电子分销渠道。同样,奥康纳和墨菲(O'Connor & Murphy,2008)认为,酒店不仅应该根据供应与需求之间的关系来调整价格策略,还必须考虑营销渠道的选择问题。他们指出，酒店往往只根据市场需求调整房价，很少思考是否采用在线营销渠道，也没有在需求较大时对在线营销渠道实行差别定价。因此，他们建议酒店经营者应该重视在线营销渠道的建立和管理问题。类似的，吉尔伯特等（Gilbert et al.，2005）在已有的文献的基础上，分析影响酒店选择营销中介（即互联网）的因素，并指出采纳该中介的风险偏好是影响酒店决策的重要因素。他们强调，酒店必须迅速拟定充分利用互联网功能的战略方向。

电子营销的快速发展，使酒店与其他中介机构，例如全球分销系统（global distribution systems，GDS）、在线旅游分销中介、批发商、旅行社、旅游规划师之间的关系变得复杂。酒店与分销中介建立合作关系的同时面临激烈的竞争，酒店面临着控制各营销系统的严峻挑战。因此，卡罗尔和西格沃（Carroll & Siguaw，2003）建议酒店加强对自身网站的经营，吸引顾客通过其自营销渠道预订客服，并严格管理低价库存。

本书假设酒店为了拓宽在线市场，与 OTA 建立合作关系。在这种的背景下，从酒店收益管理角度分析客房在自营渠道和 OTA 上的定价策略，以及客房在两种销售渠道之间的分配，从而使酒店达到提高客房入住率并提高收益的双重目的。

2.2　酒店与 OTA 的合作研究

大量研究强调旅游目的地中各团体的合作与伙伴关系对旅游目的地的可持续发展的本质影响（Bramwell & Lane，2000；Byrd，2007）。潘西里（Pansiri，2013）认为应该鼓励旅游组织设计并实施旅游市场营销方案来促进并加强组织之间的合作关系。考虑到旅游组织之间合作的重要性，贝里泰利（Beritelli，2011）分析了影响这种合作行为的积极因素。切尔内克（Czernek，2013）进行了类似的工作，他研究了影响这种合作关系的积极和消极因素。

酒店强烈依赖于 OTA 进行客房的在线营销（Kim et al.，2007）。马才巍（Ma，2009）分析旅游业中的电子协作时指出，电子协作能够拓宽酒店市场、提高市场竞争力、创造价值、降低库存、促进沟通并减少文化冲突。梅迪纳－穆尼奥斯和加西亚－法尔孔（Medina-Muñoz & García-Falcón，2000）强调与其他组织建立合作关系能够提高酒店绩效并有助于酒店的长远发展。考虑到 OTA 在酒店客房在线营销中的重要性，不少研究者从微观角度分析酒店与 OTA 之间的具体合作模式。董玉凤等（Dong et al.，2014）研究酒店如何与 OTA 合作共同经营旅行套餐，并给出了 OTA 对酒店客房批发价的最优叫价策略。他们的研究为旅行社和酒店合作经营旅行套餐提供了理论依据。郭晓龙等（Guo et al.，2013a）和凌六一等（Ling et al.，2014b）假设酒店向 OTA 支付一定佣金来实现合作，研究酒店与 OTA 合作情况下的最优定价策略，并就酒店如何选择合作伙伴提供了参考意见。

然而，尽管 OTA 能够给酒店带来以上利益，酒店也面临着自营渠道和 OTA 之间的渠道冲突。布哈利斯（Buhalis，2000）研究地中海地区酒店与旅行社之间的营销渠道冲突，指出两者目标的不协调和敌对是造成冲突的主要原因。闵等（Myung et al.，2009）分析了网络批发商对酒店营销系统的影响，并指出双方对房价的控制、酒店网站的目标、相似的客户源可能会导致两者之间的渠道冲突。莫罗桑和郑（Morosan & Jeong，2008）探索了顾客对第三方网站和酒店的官方网站的态度，发现客户更愿意再次浏览第三方网站；也就是说，OTA 更受顾客的欢迎。这也是造成酒店与 OTA 之间的冲突原因之一。由于 OTA 提供的房价往往比酒店官方网站的价格更优惠，罗振雄等（Law et al.，2007）指出，当地旅行社提供的房价通常是所有营销渠道中最低的；因此，与 OTA 合作通常给酒店带来严峻的财政问题（Xu et al.，2014）。鉴于以上与 OTA 合作的弊端，加佐利等（Gazzoli et al.，2008）建议酒店尽量维持各营销渠道上的价格统一，尽量使官方网站的价格保持最低，保证官方网站的房源充足。此外，谢清标（Tse，2003）就旅行社如何采取措施防止旅行社非中介化、酒店如何与旅行社维持良好的合作关系给出建议。通过分析 Choice Hotels 集团与 Expedia. com 之间的冲突，李等（Lee et al.，2013b）建议酒店仔细选择合作伙伴，并尽量与多个 OTA 建立合作关系，从而减少对一个或者少数几个 OTA 的依赖性。同时，他们建议各酒店集团之间应该共享 OTA 的信息，并达成联盟共同对抗越来越强势的OTA。其他文章分析了酒店不同电子分销渠道的挑战并给出解决方案（Buhalis & Law，2008；Christodoulidou et al.，2007；Demirciftci et al.，2010；Myung et al.，2009；Sigala，2003）。

上述研究没有从酒店客房在酒店的营销渠道和合作 OTA 之间的分配视角论述两者之间的合作关系。本书第 3 章假定酒店在客房预订初期与 OTA合作，一段时间后，基于收到的订单情况预测未来的需求，并通过收益最大化方法决定是否继续向 OTA 提供客房供其销售。与此同时，酒店不断更新收到的订单数据库，并根据更新的数据库重新作出决策以得到更准确的决策。

总体而言，与以往文献相比，本书的不同和贡献体现在以下两个方面。

第一，酒店收益管理方面。首先，本书就酒店客房在酒店的自营渠道和 OTA 之间的分配提出一种新方法，即酒店应该根据前期收到的订单情况预测未来的需求，然后通过收益最大化得到向 OTA 宣布没有客房供其销售的最优时刻。且酒店应该不断更新订单数据库，重新计算此最优时刻，从而获得更准确的决策。此外，本研究就酒店预留给 OTA 的旅行套餐的最优客房数量进行探讨，并分析 OTA 的旅行套餐对酒店客源的影响。考虑到OTA 在与酒店的谈判过程中其议价能力越来越强，不同于以往的研究，本书假设 OTA 为博弈领导者，主动对客房的批发价进行叫价。其次，本书首次讨论酒店与 OTA 合作的背景下，如何制定最优超售策略，并进一步从酒店服务水平和实际超售的角度对酒店的超售策略进行深入剖析。最后，本书建立酒店与 OTA 之间的合作模型，通过最大化酒店的收益得到最优客房定价，并分析各种参数对此最优定价的影响。

第二，酒店的在线营销方面。本书为了解决酒店自营渠道与 OTA 两者之间的渠道冲突问题，通过最优化酒店分配给 OTA 的客房数量，使酒店客房的入住率提高的同时尽量减少支付给 OTA 的佣金，从而提高酒店收益。以往的研究大多从战略联盟角度定性地分析酒店与其他组织之间的合作关系（Byrd，2007；Chathoth & Olsen，2003；Dickson et al.，2006；Jamal & Getz，1995；Ku et al.，2011b）；然而，本书从个体层面分析酒店与 OTA 之间的合作过程，通过建立两者之间的合作模型，给出最优合作解。

2.3　酒店的收益管理

酒店的收益管理不仅是学术界研究的热门话题，也是实践中酒店经营者关注的核心问题。安德森和谢（Anderson & Xie，2010）总结了《康奈尔接待业季刊》（*Cornell Hospitality Quarterly*）1985～2010 年关于酒店业收益管理的文献，将收益管理定义为：通过对有限的资源进行定价并对其可用性进行管理，同时从个体角度管理客户行为以最大化酒店收益的行为。黎建强和吴（Lai & Ng，2005）将顾客多夜留宿和顾客的停留时间考虑在内，建立网络优化模型分析酒店的收益管理问题。万豪国际集团、喜来登酒店、假日酒店、希尔顿酒店等，将收益管理理论应用于实践中并获得了丰厚的收益（Mei & Zhan，2013）。鉴于酒店收益管理的重要性，很多研究从客房定价（Kimes & Chase，1998）、客房分配方案（Xu et al.，2014）、超售策略（Liberman & Yechiali，1978；Noone & Lee，2011；Phumchusri & Maneesophon，2014；Rothstein，1974）、需求预测（Koupriouchina et al.，2014；Weatherford & Kimes，2003；Weatherford et al.，2001）和客户关系管理（Lo et al.，2010；Noone et al.，2003；Wang，2012）等角度分析酒店的收益管理。本节仅从客房分配策略、客房定价策略、个性化定价策略、客房取消政策、超售策略这五个与本书密切相关的管理杠杆来阐述本书与其他研究的异同。

2.3.1 客房分配策略

酒店的客房分配策略是酒店收益管理的战略性杠杆之一。酒店的客房分配管理,简单说就是酒店客房在不同时段、不同营销渠道、不同客户群体之间的分配。为了贴合实际,比特兰和吉尔伯特(Bitran & Gilbert,1996)首次假设不同的顾客到达酒店的时间点不同,从而应用启发式程序优化酒店客房在不同顾客之间的分配。小出和石井(Koide & Ishii,2005)采用早期预订折扣策略和超售策略来最大化酒店客房入住率,并分析早期折扣价客房、超售客房和正常价格客房这三种客房之间的数量配额。陈和卡恰尼(Chen & Kachani,2007)首次提出为某一类型的顾客设置预订的数量上限,再通过需求预测决定是否继续接收该类顾客的订单,从而实现客房的最优分配并使酒店收益达到最大。宋等(Song et al.,2010)假设酒店客房有高价和低价两种类型,分析两家相互竞争的酒店之间的博弈关系以及客房在高低价两种客房之间的最优分配方案。李罗(2006)通过建立报童模型,应用边际收益、线性规划等方法求酒店客房的最优分配方案。

很多研究从市场细分的角度分析客房在各个细分市场之间的最优分配方案。拉丹尼(Ladany,1996)指出,市场细分策略能够有效提高酒店的收益,并通过决定细分市场的数量、每个细分市场的客房数量以及每个细分市场客房的定价来最大化酒店收益。类似的研究还有(Guo et al.,2013b;Ladany & Chou,2001)。黄等(Huang et al.,2009)在总结前人研究的基础上,考虑服务商的促销策略(比如提供打包服务),应用修正的动态规划方法决定服务商的最优市场细分策略。以上研究都假定客房需求为某一特定形式。然而,陈和卡恰尼(Chen & Kachani,2007)指出,酒店在决策之前应该对需求进行预测从而确定具体的需求形式。因此,他们对不同的需求预测模型的预测精度进行分析,然后选择最合适的预测模型,再根据该模型决定酒店客房的最优分配方案。鲍恩（Bowen，1998）总结了1990~1998年酒店行业和旅游业中关于市场细分的研究，并从市场细分、瞄准目标市场和市场定位三个角度对这些研究进行归类总结，从而给出市场细分方面的研究新方向和研究建议。

最初关于酒店收益管理的研究大多只考虑一晚住宿的情况。然而，韦瑟福德（Weatherford，1995）首次将顾客的住宿时间（length of stay，LOS）考虑在内，并从这个启发式视角重新探讨酒店客房的最优分配策略。他指出，考虑顾客的留宿时间时，酒店的收益最高能提高2.94%。阿齐兹等（Aziz et al.，2011）根据顾客的留宿时间将整个市场分为不同的细分市场，通过建立动态规划模型决定分配给各个细分市场的客房数量。然而，与以往的研究不同的是，他们的决策变量并不是细分市场的客房数量，而是该市场的房价。

与上述研究相比，本书的不同之处在于本书旨在最优化客房在酒店的直销渠道和OTA之间的分配。徐亮等（Xu et al.，2014）也做过类似的研究，然而，他们通过给OTA设置专属客房来决定分配给OTA的客房数量。本书则基于前期已经收到的订单需求情况预测未来需求，从而决定是否继续向OTA提供客房，且通过不断地预测和调整做出更准确的决策。

2.3.2　客房定价策略

定价策略是酒店收益管理的重要杠杆之一。路易斯和舒梅克（Lewis & Shoemaker，1997）首次指出，酒店管理人员在决定客房价格时，必须考虑顾客对价格的反应，并提出一种相对简单的工具，即价格灵敏度测量来测量顾客的价格敏感度。崔和马蒂拉（Choi & Mattila，2004）认为基于需求的定价策略是收益管理准则的核心，并通过分析酒店的定价策略对客户行为的影响来评估定价策略。还有一些文献分析顾客对不同定价策略的反应（Choi & Mattila，2005；Denizci Guillet et al.，2014；Rohlfs & Kimes，2007；

Wirtz & Kimes，2007）。钟（Chung，2000）分析了研究酒店客房定价的重要文献，指出这些文献都没有验证这些定价策略是否对现实生活中的酒店具有指导意义，因此，钟收集了大量来自超级豪华酒店的真实数据，并基于这些数据用实证方法研究各种定价策略对酒店实际经营绩效的影响。斯蒂德和顾（Steed & Gu，2005）对酒店常用的定价方法进行总结，分析它们的优势和劣势，并根据它们在实践中的应用情况提出改进意见。诺恩和马蒂拉（Noone & Mattila，2009）讨论了多晚住宿情况下的两种房价呈现方法对顾客预订意愿的影响，即：呈现多晚留宿的总价格和呈现每晚住宿的单价。还有一些学者进行了类似的研究（Baum & Mudambi，1995；Collins & Parsa，2006；Gu，1997；Kim et al.，2004）。贝克和科利尔（Baker & Collier，2003）提出一种新的最优化客房价格的方法，指出该方法能够将酒店的收益提升 34%。郭晓龙等（Guo et al.，2013b）在市场细分的基础上，提出一种动态定价策略；通过此策略，酒店的收益得到了显著提高。巴尤米等（Bayoumi et al.，2013）也提出一种动态定价方案，即：酒店向顾客提供一个折扣价，且这个折扣价由在 "1" 附近变化的价格乘子决定；酒店应用算法得到一个最优价格乘子，从而使利润达到最大。

　　随着越来越多的酒店开辟在线销售渠道，学者开始广泛关注酒店客房的在线定价问题。互联网的普及和信息技术的广泛应用，有利于酒店对在线顾客进行分类，并对不同细分市场实行差别定价。然而，耶尔克和内维达·达科斯塔（Yelkur & Nêveda DaCosta，2001）指出，客户忠诚度是影响酒店业绩的关键因素；因此，酒店公司必须对其门下所有的酒店采用相同的在线定价策略，即酒店应识别某一忠诚度的客户群体并针对这个客户群体采用相同的定价策略。奥康纳（O'Connor，2003）首次对酒店不同电子营销渠道上的客房房价进行分析，并指出酒店往往选择维持各电子营销渠道上房价的一致性。曹和罗振雄（Tso & Law，2005）随后分析香港的酒店的在线定价策略。不同于奥康纳（O'Connor，2003）的研究结论，曹和罗振雄（Tso & Law，2005）通过对比分析七种在线渠道半年内的房价，指出不同在线渠道上的房价存在很大的差别，且当地旅行社的网站上显示的房价是所有在线渠道中最低的。

鉴于定价策略在酒店收益管理中的重要地位，很多学者致力于研究影响酒店定价策略的因素（Mattila & O'Neill，2003；Oh，2003）。凯姆斯（Kimes，1999）分析度假酒店的客房设备质量对房价的影响，指出客房一处表面瑕疵可能导致平均房价下降 2.8 美元。伊斯雷利（Israeli，2002）分析酒店级别和公司法人属性对酒店房价和盈利的影响。洪等（Hung et al.，2010）指出客房容量、酒店投入使用时间、市场条件和每间客房配备的服务员数量是影响酒店房价的主要因素。通过对影响酒店定价策略的因素进行分析，能够帮助酒店经营者制定更明智的定价策略。

本书分析酒店与 OTA 合作的背景下，如何根据收益最大化原则对其自营渠道和 OTA 上的客房进行定价。

2.3.3 个性化定价策略

价格个性化长期以来一直是收入管理中的重要工具。其中，最重要的定价策略之一是价格歧视或价格个性化。价格歧视意味着根据不同的客户特征为不同的客户收取不同的价格，例如年龄、教育、收入（Cohen，2002）、国籍（Alpízar，2006）或客户的付款意愿（Alfarhan et al.，2022；Espinet-Rius et al.，2018）。例如，酒店可能对外国客人收取比国内客人更高的价格（Fleischer & Buccola，2002），金等（Kim et al.，2021）举例说明了中国游客在海外目的地的餐厅里被收取更多小费的情况。此外，运营商通常会在单一航线上对休闲和商务旅行者之间进行价格歧视策略，以最大化其收入（Salanti et al.，2012）。马和施瓦茨（Ma & Schwartz，2023）建议从业者采用针对不同细分市场的个性化价格定价系统，而不是固定的分层计算机定价系统。客户渴望获得个性化的产品，但在其支付意愿上存在差异。因此，施瓦茨等（Schwartz et al.，2012）在大峡谷国家公园游客许可证分配中引入价格歧视，以增加收入同时保持一定水平的自然资源保护。汤奇克等（Tomczyk et al.，2022）进一步提出了一种基于个性化、付款意愿、客户哲学和新奇性 – 熟悉性连续性的客户分类方法。他们得到了六种客户类别，并建议酒店业者应了解每个类别的客户个性化偏好，然后制定量身定制的个性化定价策略。贝尔加蒂诺和卡波扎（Bergantino & Capozza，2015）的研究表明，航空公司可以根据市场束缚程度的不同来实施价格歧视行为。通过直接销售和捆绑销售个性化商品也是服务提供商的一个理想选择。例如，阿尔瓦雷斯 – 阿尔贝洛等（Álvarez-Albelo et al.，2020）声称，在打包策略中的隐性价格歧视有利于运输和本地旅游公司。在酒店业中，经理们会根据停留时间收费不同，而且长时间停留的房价呈现出与直觉相反的趋势（Riasi et al.，2017）。

在电子商务背景中，跟踪和收集客户的购买历史变得更加容易（Choi et al.，2021）。通过对大量相关数据进行分析以揭示消费者行为模式，销售商可以根据个体客户的购买历史收取个性化的价格（Umezawa，2022）。这被称为基于行为的定价（behavior-based pricing，BBP）。例如，收集客户信息使企业能够针对现有客户和新客户收取不同的价格（Pazgal & Soberman，2008；Villas-Boas，2004）。研究人员对于 BBP 是否有助于提高企业利润存在分歧。一些人声称利用大数据进行价格歧视有助于卖家获得更多利润（Amaldoss & He，2019），而其他人则认为与采用统一定价策略相比，企业的利润会降低（Choe et al.，2018）。然而，劳斯塞尔和雷森德（Laussel & Resende，2022）声称 BBP 对利润的总体影响尚不明确。因此，有必要确定在什么条件下 BBP 对企业和客户有益。研究发现，考虑到消费者的公平性关注，BBP 会增加企业的利润，并且当消费者的公平性关注更强时，它的盈利性更高（Li & Jain，2016；Shen & Miguel Villas-Boas，2018）。如果客户的分布不均匀并且聚集在市场中心，BBP 将以消费者为代价增加行业的利润（Amaldoss & He，2019；Esteves et al.，2022）。

某些研究集中探讨价格个性化的优势。例如，阿尔法兰等（Alfarhan et

al.，2022）表明，在利润最大化中，第三度价格歧视在中位支出水平以下更为有效。对于代理机构来说，价格歧视导致对成本回收施加的扭曲的更有效的调整（Alpízar，2006）。此外，曼斯菲尔德（Mansfeld & Pizam，2006）声称，与供需模型相比，价格歧视模型是评估安全事件影响的更好工具，尤其是在区分国际和国内市场的情况下。特别是，在新冠疫情期间，动态和定制的定价是酒店改善收入管理效率的关键驱动因素之一（Zaki，2022）。因此，一些研究发现价格歧视可以增加收入（Langenfeld & Li，2008；Namin et al.，2020；Piccoli et al.，2017）。

与上述研究相比，本书提出了一种基于不同取消政策的 OTA 个性化定价策略。埃斯科巴里和金达蓬（Escobari & Jindapon，2014）进行了类似的工作，显示提供退款和不可退款票价对航空公司提取更多的剩余价值的重要性。然而，他们的研究忽略了价格差异引起的需求泄露效应。本研究通过考虑内部和跨渠道需求泄露效应，分析了基于不同取消政策的酒店客房的最佳个性化价格。

2.3.4　客房取消政策

旅游和酒店业的取消政策在服务提供商的收入管理中起着重要作用（Riasi et al.，2018）。谢和格斯特纳（Xie & Gerstner，2007）声称，服务提供商从退订政策中获益，因为他们从取消预订并重新销售服务的买家那里收取取消费用。陈和谢（Chen & Xie，2013）对美国酒店的取消政策进行了全国范围内的调查，而且研究表明酒店的差异化在设定取消政策方面很重要。具体来说，他们发现大都市和高端酒店往往有更宽松的取消政策。陈（Chen，2016）进一步提供了航空公司、酒店和餐厅行业取消政策的概述。特别是，长期以来，酒店在处理晚到和未到的问题上一直表现出色，因为前者从客户那里强制性地收取晚到和未到费用（Toh，1986）。这一发现与德凯等（DeKay et al.，2004a）的研究结果一致，该研究表明，酒店的未到率约为 5% , 而航空公司的未到率约为 8%。

取消费用和截止日期是取消政策中最重要的问题。酒店房间取消的最常见罚款相当于一晚的价格 (Chen & Xie, 2013)。预订窗口是从预订日期到入住日期的时间段。通常情况下，较长的预订窗口会增加免费取消率的效用 (Masiero et al., 2020)。然而，陈等 (Chen et al., 2011) 认为，与没有取消政策相比，24 小时宽松的取消政策对客户的取消行为没有太大影响。近年来，酒店为了利润最大化而实行了更严格的取消窗口，而取消罚款却没有增加 (Riasi et al., 2019)。

学者们对取消政策对服务提供商的影响给予了相当大的关注，因为这在收入管理中具有重要意义。贝尼特斯－奥里奥尔斯 (Benítez-Aurioles, 2018) 证明，灵活的取消政策损害了同行间住宿市场的夜间价格。与上述研究不同，郭 (Guo, 2009) 探讨了竞争性服务市场中的退款政策，并调查了这种竞争如何影响退款政策的盈利能力。他表明，部分退款将缓和通过改变两个竞争性服务提供商之间的互动来利用部分退款的效率增强效果所带来的收益。

某些研究关注了取消政策对客户预订决策的影响。陈等 (Chen et al., 2011) 发现，取消截止日期影响消费者行为，而取消费用的金额对其影响不大。旅行者认为，允许在到达前一天取消的政策是优秀的，因为它提供了最高水平的灵活性，而 2 天的缓冲期也是可以接受的 (Law & Wong, 2010)。战略性消费者在不同情况下对免费和不可退款取消政策显示出不同的偏好 (Masiero et al., 2020)。具体来说，风险规避型消费者对保险费不太敏感，而风险求索型消费者对免费取消率的偏好受到预订窗口的影响较小。其他学者探讨了取消政策对客户支付意愿的影响。马西埃罗等 (Masiero et al., 2015) 发现，与其他房间属性 (如房间景观、酒店楼层、俱乐部通行证、免费迷你酒吧项目和智能手机服务) 相比，取消政策是影响客户选择酒店房间的意愿支付的最不重要的属性。阿雷诺和范德雷斯特 (Arenoe & van der Rest，2020) 发现，当预订窗口的大小增加时，消费者对费率条件（即免费取消、免费改期、离店付款）的支付意愿增加。类似地，史密斯等（Smith et al.，2015）研究了三种取消政策（即开放选项政策、48 小时取消政策和不退款政策）对消费者消费和支付意愿的影响。他们指出，前两种取消政策不会导致消费者消费的减少，而最后一种政策会对消费者的消费产生负面影响。

与上述研究不同，本书提出了 OTA 为相同类型的酒店客房设定多种取消政策（可退款和不可退款），并以个性化价格出售的观点。在这种情况下，它试图确定不同取消政策的组合是否会提高 OTA 和酒店的绩效。

2.3.5　超售策略

作为酒店收益管理的重要杠杆之一，超售策略很早就引起了学者的注意（Rothstein，1971）。罗斯坦（Rothstein，1974）首次通过建立数学模型来决定酒店的超售量，他假设酒店经营者在各个决策点设置超售量，并根据实际需求不断调整这些超售量以使收益达到最大。托赫（Toh，1985）指出酒店管理人员应该平衡闲置客房的机会成本和超售的风险成本，从而系统地制定最佳的超售量。托赫和德凯（Toh & Dekay，2002）进一步强调这种平衡对于酒店的顾客服务水平的重要性。利伯曼和耶希阿里（Liberman & Yechiali，1978）通过比较已经确认的订单数和新产生的需求量之间的关系来决定最优超售水平，从而使最大化酒店的净利润。小出和石井（Koide & Ishii，2005）证明期望总销售额是超售量的单峰函数，通过最大化期望销售总额能够得到唯一最优超售量。不仅在酒店行业，超售行为在航空业中也司空见惯。卡拉埃斯门和范·瑞津（Karaesmen & van Ryzin，2004）指出，航空公司倾向对早班飞机进行超售；这样，一旦超售造成部分顾客滞留，航空公司可以将他们安排到晚班飞机。罗斯坦（Rothstein，1985）的研究表明，稍微增加航班的负载就能显著提高航空公司的收益；因此，超售策略广受航空公司的青睐。很多学者通常仅分析客流量大的航班的超售策略。铃木（Suzuki，2006）分析了客流量大和客流量少的航班的超售策略对航空公司的收益的影响，从而有助于深刻理解航空公司的超售行为。还有一些文章对服务行业中服务提供商的超售策略进行了研究（Chatwin，1996，1998；Huang et al.，2013；Kasilingam，1997；Li，2013；Wang & Kao，2008）。

以上研究都聚焦于服务产品单一价格时的超售策略。小出和石井（Koide & Ishii，2005）假设酒店给提前预订客房的顾客提供价格折扣，分析了两种房价情况下酒店的超售策略。卡拉埃斯门和范·瑞津（Karaesmen & van Ryzin，2004）分析了多种预订服务类型、多种服务产品库存下的超售策略，并探讨各种库存的客户分配，从而最大化服务商的净利润。

本书区别于以上研究的地方有两点。首先，以上研究仅从酒店的角度分析最优超售策略。然而，本书考虑酒店与 OTA 的合作情况下，酒店如何作出最优超售策略和定价策略，并分析超售策略对两者之间的合作过程的影响。其次，由于超售可能导致入住日期到达酒店的顾客数量大于客房容量，导致酒店不得不拒绝部分顾客入住。因此，本书进一步从以下两个角度分析酒店的超售行为，即酒店的服务水平和顾客成功下订单却被酒店拒绝的概率。这对于进一步理解酒店的超售行为具有重要意义，并帮助酒店制定更加合理的超售策略。

第 3 章
酒店客房在其自营渠道和 OTA
之间的最优分配策略研究[*]

OTA 帮助酒店销售客房时，往往向其收取昂贵的佣金。因此，酒店通过最优化分配给 OTA 的客房数量来提高从自营渠道获得的收入，从而提高收益。本章研究酒店与 OTA 合作时，如何最优化客房在酒店的自营渠道和 OTA 之间的分配数量，使客房入住率提高的同时减少支付给 OTA 的佣金，从而最大化酒店的收益。

3.1　背景介绍

随着旅游电子商务的快速发展，酒店在线预订的市场规模不断扩大（Gazzoli et al. , 2008；Pan et al. , 2013）。顾客通常在预订酒店之前通过网络搜索相关信息，随后其中很大一部分选择在线预订（Li & Law, 2007），而其中很多的顾客最终选择通过 OTA 等第三方平台预订酒店，而不是酒店

---

[*] 本章内容基于以下论文改编和拓展：Ling, L. , Dong, Y. , Guo, X. , & Liang, L. (2015). Availability management of hotel rooms under cooperation with online travel agencies. International Journal of Hospitality Management, 50, 145 – 152。

的官方网站 (Kim et al. , 2007；Morosan & Jeong, 2008)。托赫等 (Toh et al. , 2011a) 的研究显示，大部分休闲旅客使用网络搜索酒店客房，其中 67%采用在线预订方式，而其中高达 30%的顾客最后选择 OTA 来预订客房。在中国，根据 Fastdata 数据显示，以 2021 年按市场交易额规模口径计算，OTA 平台占比达到 92.9%，其中携程占比达到 36.3%，为行业超级巨头，美团旅行、同程旅行、去哪儿和飞猪占比分别为 20.6%、14.8%、13.9%和 7.3%。这些数据表明 OTA 在酒店的在线营销系统中发挥着日益重要的作用 (Pansiri, 2013；Park et al. , 2007；Yang et al. , 2014a)。

酒店与 OTA 建立合作关系的原因包括以下几个方面。首先，OTA 能够为酒店带来告示板效应。酒店把产品放在 OTA 上销售能够获得宣传效果，从而提高酒店的知名度。很多酒店因规模小、经营时间短等原因不被顾客熟知，因此 OTA 是酒店最好的宣传平台。其次，OTA 能够为酒店吸引大量在线顾客，从而提高酒店的入住率 (Guo et al. , 2014；Kracht & Wang, 2010；Law & Cheung, 2006)。最后，通过与这些 OTA 合作，酒店能够获得更多资源，从而拓宽在线市场规模，提高网络竞争能力。

然而，对于酒店来说，与 OTA 合作也有一定的弊端。首先，在委托代理模式中，OTA 支付给酒店的客房批发价低于客房售价；在净价模式中酒店必须向合作 OTA 支付高额的佣金，佣金比例高达酒店客房收益的15% ~ 30% (Toh et al. , 2011b)。因此，与 OTA 合作会给酒店带来一定的收益损失。其次，酒店面临其自营渠道与 OTA 之间的渠道冲突。由于相似的客户源和对房价的控制，酒店自营渠道与合作 OTA 之间形成激烈的竞争，导致渠道冲突的产生。

鉴于以上利弊，酒店对于与 OTA 的合作持矛盾态度：与之合作则必须承受一定的收益损失；反之，不合作则可能在旅游电子商务背景下失去大量的在线市场份额，降低竞争力。考虑到酒店客房是易逝产品，即不能保存至将来使用 (Hung et al. , 2010；Stringam & Gerdes, 2010)，酒店必须在以下两者之间进行权衡：一是将客房预留给自营渠道 (如酒店官方网站）销售，产生较高但存在风险的收益；二是预留给 OTA 出售，产生相对较低但稳定的收益。因此，酒店必须在其自营渠道和 OTA 的营销系统之间合理分配客房，提高客房入住率的同时最大化酒店收益。

实践中，酒店行业普遍存在一种现象：部分酒店的客房在 OTA 上显示已售罄，然而酒店网站却显示仍有房间可供预订。以香港唯港荟酒店与 Expedia 的合作为例，在销售客房的过程中，Expedia 的网站显示 2015 年 5 月 15 日可免费取消的 Club 36 海景客房已全部售罄，而香港唯港荟酒店的网站（http：//www. hotel-icon. com/）却显示仍有该类客房可供顾客预订。为了更严谨地描述，我们将具有不同属性的同种客房定义为不同的产品。例如，可免费取消的客房与不可退款的客房被视为不同的产品。基于上述现象，本章为酒店与 OTA 之间设计了一种新的合作方式。在这种合作方式下，酒店在入住日期前有权向 OTA 宣布没有客房供其销售，从而减少支付给 OTA 的佣金，进而提高酒店的收益。具体合作流程如下：在客房预订期初期，酒店与 OTA 共同销售酒店客房，顾客可以直接通过酒店网站或间接通过 OTA 平台预订客房。经过一段时间后，酒店会根据已接收的订单情况预测未来的客房需求，并根据收益最大化的原则，确定向 OTA 宣布不再有客房供其销售的最佳时刻。在此过程中，如果计算得到的最佳时刻即为当前的决策时刻，酒店将不再向 OTA 提供客房进行销售；如果计算得到的最佳时刻晚于当前的决策时刻，酒店则继续与 OTA 合作销售客房，直至达到那个最佳时刻。到达最佳时刻后，酒店会更新已收到的订单数据库，并重新计算向 OTA 宣布没有客房供其销售的最佳时刻。酒店会不断重复这个过程，直至计算得到的最佳时刻与当前的决策时刻重合。在此之后，OTA 将不再提供该类客房的预订服务，顾客只能直接向酒店预订客房。

本研究假设酒店与 OTA 之间的合作模式为委托代理模式，通过建立模型刻画两者之间的合作，并得到酒店的收益函数，最后通过收益最大化原则得到最优解。在给出的算例分析中，酒店决定在入住日期前两天对 OTA

宣布没有客房供其销售。研究证明，与在整个预订期间都和 OTA 合作的传统方案相比，本章提出的合作方式能提高酒店的收益。

3.2 问 题 描 述

本章分析由一家酒店和一家 OTA 组成的旅游供应链。为了吸引更多在线顾客、拓宽在线市场，酒店选择和 OTA 合作。因此，酒店的顾客有两种：一种是直接向酒店预订客房，比如通过电话、酒店网站或酒店前台预订，我们称为传统顾客；另一种是通过 OTA 预订，我们称为网络顾客（这里的网络顾客仅指通过 OTA 预订客房的顾客）。考虑到顾客能够通过网络快速查询并比较不同营销渠道上的房价，酒店尽量维持各种营销渠道上同种客房的房价一致性。假设酒店向传统顾客和网络顾客收取相同的房价 p，且不收取任何预订费用。本章仅讨论酒店有 C 个相同客房的情况。

本章假设酒店与 OTA 在委托代理模式下进行合作。假设每入住一个网络顾客酒店向 OTA 支付佣金 ω。佣金通常是房价的一定比例（Toh et al.，2011b）。因此，本章假设佣金 ω 与客房价格的关系为 $\omega = \theta p$，其中 θ 为佣金比例。

为了削减支付给 OTA 的佣金，提高自身收益，和 OTA 合作一段时间后，酒店不再提供客房给 OTA 销售。具体来说，在客房预订期初期，酒店与 OTA 合作向顾客提供客房预订服务，即此时顾客既可以直接向酒店预订客房，也可以通过 OTA 预订。一段时间后，酒店根据已经收到的订单情况预测未来的需求，从而决定何时向 OTA 宣布不再有客房供其销售，独自销售剩余的客房。通过这种方法，酒店一方面能够通过接收网络顾客提高客房入住率，另一方面通过削减支付给 OTA 的总佣金而提高收益。本章旨在为酒店找出客房不再供 OTA 销售的最佳时间点，即找出客房在酒店自营渠道和 OTA 之间的最优分配方案。

讨论一个具体的预订期 T。假设时间 t 从入住日期反向度量，也就是说，$t=0$ 代表入住日期，而 $t=T$ 代表预订期开始时刻。客房预订期开始后，酒店与 OTA 合作销售客房直至时间 t_0。假设销售期内前 $T-t_0+1$ 天（也可以用小时等单位计量，不影响研究结果）酒店和 OTA 收到的客房预订数量分别是 $\tilde{x}_i(t)$，其中：$t=t_0$，t_0+1，$\cdots$，T 和 $i=1$，2 分别代表酒店和 OTA。

然后，酒店根据这些已经收到的订单情况预测未来的需求，时间点 t 的预测需求表示为 $x_i(t)$，$t=0$，1，$\cdots$，t_0。一方面，客房的总需求随着入住日期的临近不断增加；另一方面，随着入住日期的临近，单位时间内预订客房的顾客数量增多。因此，本章假设预测需求服从关于时间 t 的指数分布（Chen & Kachani，2007），如图 3.1 所示。预测需求的表达式为

$$x_i(t) = a_i e^{-b_i t} + \varepsilon_i(t)，（i=1，2）\qquad (3.1)$$

该公式在学术研究中被广泛应用（Guo et al.，2013b）。其中，随机变量 $\varepsilon_i(t)$ 反映了需求的波动情况，并假设它服从均值 $\mu_i=0$ 和标准差 $\sigma_i(t)$ 的正态分布。因此，$x_i(t)$ 服从平均值 $A_i(t)=a_i e^{-b_i t}$ 和标准差 $\sigma_i(t)$ 的正态分布。根据前期已经收到的订单情况 $\tilde{x}_i(t)$，通过曲线拟合的方法可以估计出参数 a_i 和 b_i 的值。通常预测的时间跨度越长，预测的精度越低（Alvarez-Diaz et al.，2009；Burger et al.，2001）。因此，我们假设预测需求的标准差为 $\sigma_i(t) = \sigma_i(t_0-t)/(T-t_0)$，这个公式广泛应用于需求预测中（Chen & Chuang，2000）。其中，σ_i 是预测需求 $\tilde{x}_i(t)$ 的标准差，$t=t_0$，t_0+1，$\cdots$，T。

假设酒店在时间点 t 向 OTA 宣布没有客房再供其销售，可知 $t<t_0$。因此时间段 $[0，t]$ 和 $[t，t_0]$ 内的预测需求分别是 $x_i(0\sim t)=x_i(0)-x_i(t)$ 和 $x_i(t\sim t_0)=x_i(t)-x_i(t_0)$。

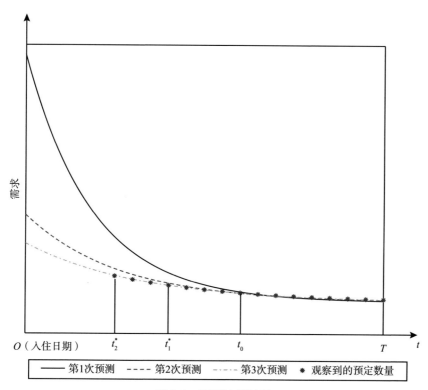

图 3.1　更新决策过程

因此，酒店在 $[0, t_0]$ 时间段内的期望收益函数表示为

$$\pi(t) = pE\min\{x_1(t \sim t_0) + x_2(t \sim t_0), \overline{C}\} + pE\min\{x_1(0 \sim t)$$
$$[\overline{C} - x_1(t \sim t_0) - x_2(t \sim t_0)]^+\} - W \tag{3.2}$$

其中，$\overline{C} = C - \tilde{x}_1(t_0) - \tilde{x}_2(t_0)$，$W = \omega(\underset{x_1(t \sim t_0) + x_2(t \sim t_0) \leq \overline{C}}{E}[x_2(t \sim t_0)] +$

$\underset{x_1(t \sim t_0) + x_2(t \sim t_0) > \overline{C}}{E}\{\overline{C}x_2(t \sim t_0) / [x_1(t \sim t_0) + x_2(t \sim t_0)]\})$。

$\overline{C}$ 是 t_0 时刻剩余的全部客房数量，W 是在 $[t, T]$ 时间段内酒店支付给 OTA 的总佣金。公式（3.2）中第一项指时间段 $[t, t_0]$ 内酒店从传统顾客和网络顾客中获得的收益，第二项是在时间段 $[0, t]$ 内从传统顾客中获得的收益。接下来阐述最优解的求解方法，即如何计算酒店向 OTA 宣布没有客房再供其销售的最佳时刻。

3.3 最优解的求解方法

本节具体描述酒店如何决定向 OTA 宣布不再有客房供其销售的最佳时间 t，并给出最优解。酒店根据时间段 $[t_0, T]$ 内获得的订单情况预测未来的需求，并最大化时间段 $[0, t_0]$ 内获得的收益从而确定最优时刻 t。

将酒店的收益函数对 t 求导，通过一阶条件得到使得酒店收益最大的时刻 t，且 $t^* = \arg\limits_{t}\{\partial\pi(t)/\partial t = 0\}$。最优解 t^* 在本章附录中给出。

然而，t^* 的计算不是一次性决策过程。酒店为了获得更精确的决策不断更新决策过程。首先，酒店根据时间段 $[t_0, T]$ 内接收的订单情况，利用曲线拟合的方法估计 a_i 和 b_i 的值，通过最大化其收益得到最优时间 t_1^*。如果此时 $t_1^* < t_0$，酒店继续向 OTA 提供客房供其销售直至 t_1^*。然后，酒店更新观察到的订单情况，即在 t_1^* 时刻根据时间段 $[t_1^*, T]$ 内收到的订单情况重新估计 a_i 和 b_i 的值并最大化其收益获得一个新的最优时刻 t_2^*。酒店不断重复这个更新过程，直至得到的最优时间点即为当前决策时间，即 $t^* = t_0$。此后，酒店向 OTA 宣布没有客房供其销售，独立销售剩余的客房。由于用来预测的数据量越大，预测精度越高。因此，这个更新过程能够提高决策精度。具体的更新决策过程如图 3.1 所示。

总结而言，酒店的决策过程如下：

第 1 步：观察传统顾客和网络顾客在时间段 $[t_0, T]$ 内的订单情况为 $\tilde{x}_i(t)$，其中：$t = t_0, t_0 + 1, \cdots, T$ 和 $i = 1, 2$ 分别代表酒店和 OTA。

第 2 步：根据收到的订单情况 $\tilde{x}_i(t)$，预测未来的需求，通过最大化其收益确定向 OTA 宣布没有客房供其销售的最优时间点 t^*。

第 3 步：如果 $t^* < t_0$，酒店继续与 OTA 合作销售客房，并在 t^* 时刻根据时间段 $[t^*, T]$ 内收到的订单情况重新预测未来的需求。再通过最大化其收益，获得一个新的决策点。酒店不断重复这个更新过程直至 $t^* = t_0$。

第 4 步：酒店在 t^* 时刻向 OTA 宣布没有客房供其销售，此后独立销售剩余的客房。

第 3.4 节通过算例分析详细说明这个更新决策过程，并给出最优结果。

3.4 算例分析

以客房容量 $C = 300$ 的酒店为例，房价 $p = 100$，支付给 OTA 的佣金是客房价格的 15%，即 $\omega = \theta p = 15$。在实践中，顾客可以提前一年预订酒店客房。然而，在客房预订期初期，订单数量往往很小。因此，本例中采取最近两个月里收到的订单数量作为预测未来需求的样本，即样本周期设为 $\tilde{T} = 60$。此外，理论上一旦客房预订期开始，酒店即可以根据收到的订单来预测将来的需求。然而，在实践中，酒店通常在入住日期前几天才向 OTA 宣布不再有客房供其销售。因此，本例在 $t_0 = 11$ 时开始第一次需求预测过程。表 3.1 给出传统顾客和网络顾客在样本观察期间的订单情况。

表 3.1　样本观察期间传统顾客和网络顾客的客房预订数量

t	$\tilde{x}_1(t)$	$\tilde{x}_2(t)$	t	$\tilde{x}_1(t)$	$\tilde{x}_2(t)$
60	8	6	52	13	11
59	8	7	51	14	12
58	9	7	50	16	13
57	10	8	49	16	14
56	11	9	48	17	14
55	11	9	47	18	15
54	12	10	46	21	17
53	13	11	45	23	18

t	$\tilde{x}_1(t)$	$\tilde{x}_2(t)$	t	$\tilde{x}_1(t)$	$\tilde{x}_2(t)$
44	23	19	21	87	63
43	24	19	20	89	65
42	26	21	19	92	69
41	29	22	18	93	72
40	30	23	17	96	73
39	31	24	16	100	75
38	34	26	15	103	76
37	38	29	14	106	79
36	41	30	13	111	81
35	45	31	12	113	84
34	46	33	11	115	87
33	50	36	10	120	89
32	52	38	9	126	93
31	54	40	8	132	98
30	59	43	7	138	100
29	62	43	6	142	102
28	63	44	5	147	106
27	66	48	4	154	110
26	68	51	3	160	114
25	72	53	2	166	119
24	75	54	1	173	123
23	80	59	0	181	129
22	82	62	—	—	—

将酒店在整个客房预订期间都与 OTA 合作的情形设为基准情形。通过将本章提出的新方法与基准情形对比，探讨该方法是否能提高酒店的收益。比较订单总数与客房总容量之间的大小关系，给出基准情形下酒店的收益为：

$$\pi^B = \begin{cases} p\sum_i \left[\, \tilde{x}_i(0) - \tilde{x}_i(t_0)\,\right] - \\ \quad \omega\left[\, \tilde{x}_2(0) - \tilde{x}_2(t_0)\,\right], & \text{当} \sum_i \left[\, \tilde{x}_i(0) - \tilde{x}_i(t_0)\,\right] \leqslant \overline{C} \text{ 时} \\ \dfrac{p\overline{C} - \omega\overline{C}\left[\, \tilde{x}_2(0) - \tilde{x}_2(t_0)\,\right]}{\sum_i \left[\, \tilde{x}_i(0) - \tilde{x}_i(t_0)\,\right]}, & \text{当} \sum_i \left[\, \tilde{x}_i(0) - \tilde{x}_i(t_0)\,\right] > \overline{C} \text{ 时} \end{cases}$$

$$(3.3)$$

根据表 3.1 给出的样本数据，通过曲线拟合方法预测未来的需求，再根据收益最大化得到向 OTA 宣布不再有客房供其销售的最优时刻，最后得到酒店的最大收益。同时，根据公式（3.3）计算出基准情形下酒店的收益。计算结果如表 3.2 所示。

酒店决策的具体过程表述如下。通过观察 $[t_0, \tilde{T}]$ 期间内传统顾客和网络顾客的订单情况，应用 Matlab® 7.13.0.564 的曲线拟合工具箱（Cftool）估计 a_i 和 b_i 的值。拟合结果如表 3.2 和图 3.2 所示。

表 3.2　　　　　　　　本章提出的新方法和基准情形下的最优解

$[t_0, \tilde{T}]$	a_1/b_1	a_2/b_2	σ_1/σ_2	t^*	π^*	π^B
[11, 60]	212.2/0.04668	156.3/0.04620	34.41/25.16	7	9415.7	9228.3
[7, 60]	197.2/0.04419	144.8/0.04359	38.39/28.00	4	5933.1	5825.4
[4, 60]	190.6/0.04291	138.2/0.04188	41.80/30.18	2	3433.3	3377.0
[2, 60]	187.6/0.04227	135.4/0.04105	44.32/31.82	2	1448.9	1410.0

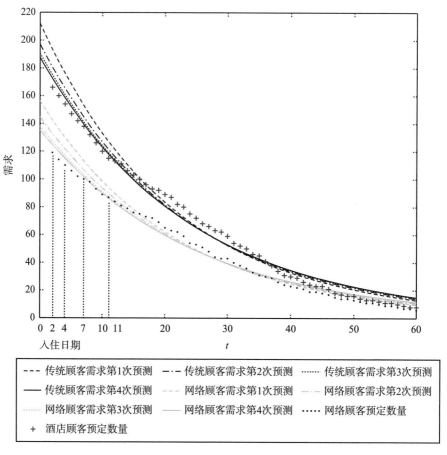

图 3.2　预测需求的拟合结果

首先，酒店根据时间段［11，60］内顾客的订单情况预测需求，此时 $t_0=11$，通过最大化其收益得到 $t_1^*=7<t_0$，因此酒店决定继续与 OTA 合作直至入住日期的前 7 天。其次，酒店更新观察到的数据样本，并根据时间段［7，60］内顾客的订单情况重新估计将来的需求，此时 t_0 更新为 7。通过最大化其收益得到 $t_2^*=4<t_0$，从而合作继续至入住日期的前 4 天。然后，酒店再次更新观测样本至时间段［4，60］，即 $t_0=4$，通过预测未来需求并最大化其收益得到 $t_3^*=2<t_0$。最后，在入住日期前 2 天，酒店根据

[2，60] 时间段内（t_0 更新为 2）的订单情况预测未来的需求，通过最大化其收益得到 $t_4^* = 2$。此时 $t_4^* = t_0 = 2$，所以酒店最后决定在入住日期前两天向 OTA 宣布不再有客房供其销售。表 3.2 表明，在本章提出的新方法下，酒店的收益高于基准情形。因此，本章提出的方法能够有效改善酒店的收益。

总之，在本例中，酒店通过四次预测与调整，最终决定在入住日期前两天向 OTA 宣布不再有客房供其销售。也就是说，酒店与 OTA 的合作时间为客房开始预订时间至入住日期的前两天，此时 OTA 总共售出 119 间客房，而酒店售出 166 间客房。此后，由于酒店预测它能独立将剩余的客房售完，便向 OTA 宣布没有客房供其销售。各个决策点酒店和 OTA 售出的客房数量如图 3.3 所示。通过这种方法，酒店的收益得到了提高。

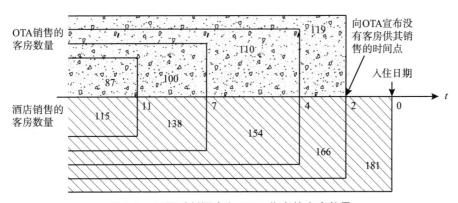

图 3.3　不同时刻酒店和 OTA 售出的客房数量

3.5　本 章 小 结

本章通过最优化分配给 OTA 的客房数量，为酒店提出一种与 OTA 合作的新方法。在此方法中，酒店在客房预订初期与 OTA 合作，一段时间后，酒店根据已经收到的订单情况预测将来的需求。再在预测需求的基础上，酒店通过最大化其收益确定剩余的客房是否分配给 OTA 销售。在这个过程中，酒店不断更新已经收到的订单数据库，并作出新的预测和决策，从而提高决策精度。最后通过算例详细说明酒店的决策过程。算例结果表明，酒店经过四次决策后，决定在入住日期的前两天向 OTA 宣布不再有客房供其销售。通过应用这种新的合作方法，酒店的收益得到了提高。

本章的理论和管理启示如下：第一，本章基于前期收到的订单情况，采用曲线拟合的方法对未来的需求进行预测。需求预测是酒店收益管理中的重要环节 (Lim et al. , 2009；Tse & Poon, 2012)，有效预测需求对于酒店的客房预订决策具有重要作用 (Rajopadhye et al. , 2001；Yang et al. , 2014b)。本章研究表明，酒店应该根据已经发生的需求不断更新数据库并调整决策。

第二，本章提出一种有助于酒店经理人有效管理客房在自营渠道和 OTA 之间分配的新方法。不同于徐亮等 (Xu et al. , 2014) 通过给 OTA 设置专属客房决定分配给它的客房数量，本研究建议酒店根据前期收到的订单情况不断调整决策，从而决定不再向 OTA 提供客房销售的最优时间点。

第三，尽管酒店越来越依赖于 OTA 来产生告示板效应并提高顾客预订量 (Inversini & Masiero, 2014；Lee et al. , 2013b；Yacouel & Fleischer, 2012)，然而，酒店必须向 OTA 支付的高额佣金从而导致其收益显著下降 (Thakran & Verma, 2013；Toh et al. , 2011b)。本研究提出，为了减少支付给 OTA 的佣金从而保护自营渠道的收入，酒店应该根据需求情况提前向 OTA 宣布没有客房供其销售。本章提出的方法能够将酒店的收益提高 2.76%。

第四，很多在线顾客倾向通过 OTA 预订酒店客房 (Kim et al. , 2007)。本章建议，如果 OTA 的网站上显示心仪的酒店售罄，顾客可以再向酒店确认是否还有可用的客房。

本章存在几个不足之处：第一，本章仅从酒店的角度考虑与 OTA 的合作，即最大化酒店的收益。然而，近年来，OTA 在与酒店的博弈中其谈判地位越加突出。因此，从博弈的角度探讨酒店与 OTA 的合作问题更有实际意义。第二，酒店通常与多家 OTA 合作，因此，考虑一家酒店与多家 OTA 合作的模型可能更有意义。第三，在本章中，我们假设酒店所有客房都一样，而实际上酒店往往拥有不同类型的客房。因此，在将来的研究中，可以综合考虑酒店不同类型的客房，应用升级或降级战略完善客房的分配，从而提高酒店客房的总入住率。

本 章 附 录

最优时刻 t^* 的计算

将各个随机变量标准化：

$$z_0 = \frac{\varepsilon_1(0)}{\sigma_1 t_0 / (T - t_0)}$$

$$z_1 = \frac{\varepsilon_1(t)}{\sigma_1(t_0 - t)/(T - t_0)}$$

$$z_2 = \frac{\varepsilon_2(t)}{\sigma_2(t_0 - t)/(T - t_0)}$$

设 $\phi(z)$ 为标准正态分布的概率密度函数，$\Phi(z)$ 是标准正态分布的分布函数。因为 $\phi(z) = (1/\sqrt{2\pi})e^{-z^2/2}$，所以

$$\phi'(z) = \frac{\mathrm{d}}{\mathrm{d}z}\left[\frac{1}{\sqrt{2\pi}}e^{-z^2/2}\right] = -z\phi(z) \tag{A1}$$

将酒店的收益函数对 t 进行求导，应用公式（A1），得到酒店向 OTA 宣布不再有客房供其销售的最佳时刻 t^* 为 $t^* = \arg_t\{g(t) = 0\}$，其中，

$$g(t) = b_2 A_2 \int_{-\infty}^{\infty} \phi(z_2)\Phi(X)(\theta - \Phi(Y))\mathrm{d}z_2 - \frac{\sigma_2}{T - t_0}\int_{-\infty}^{\infty}\Phi(X)(\theta - \Phi(Y))\mathrm{d}\phi(z_2)$$

$$- \frac{t_0 M}{(t_0 - t)^2}\int_{-\infty}^{\infty}\phi(z_2)\phi(X)\phi(Y)\mathrm{d}z_2 - \frac{M\sigma_2}{(t_0 - t)\sigma_1}\int_{-\infty}^{\infty}\phi(X)\Phi(Y)\mathrm{d}\phi(z_2)$$

$$-\frac{(\overline{C}+A_{10}+A_{20}-a_1-A_2(t))M}{(t_0-t)^2\sigma_1/(T-t_0)}\int_{-\infty}^{\infty}\phi(z_2)\phi(X)\Phi(Y)\,\mathrm{d}z_2$$

$$-\theta\overline{C}\int_{-\infty}^{\infty}\left(\int_{X}^{\infty}h(z_1,z_2)\phi(z_1)\,\mathrm{d}z_1\right)\phi(z_2)\,\mathrm{d}z_2,$$

且

$$A_{10}=a_1e^{-b_1t_0}$$

$$A_{20}=a_2e^{-b_2t_0}$$

$$X=\frac{\overline{C}+A_{10}+A_{20}-A_1(t)-A_2(t)}{\sigma_1(t_0-t)/(T-t_0)}-\frac{\sigma_2}{\sigma_1}z_2$$

$$Y=\frac{\overline{C}+A_{10}+A_{20}-a_1-A_2(t)}{\sigma_1t_0/(T-t_0)}-\frac{(t_0-t)\sigma_2}{t_0\sigma_1}z_2,$$

$$M=\overline{C}+A_{10}+A_{20}-A_1(t)-A_2(t)+(t_0-t)[b_1A_1(t)+b_2A_2(t)]$$

$$h(z_1,z_2)=\frac{b_1A_1(t)[A_2(t)-A_{20}]-b_2A_2(t)[A_1(t)-A_{10}]}{[A_1(t)-A_{10}+A_2(t)-A_{20}+(t_0-t)(z_1\sigma_1+z_2\sigma_2)/(T-t_0)]^2}$$

$$+\frac{[A_2(t)-A_{20}-b_2A_2(t)(t_0-t)]z_1\sigma_1-[A_1(t)-A_{10}-b_1A_1(t)(t_0-t)]z_2\sigma_2}{(T-t_0)[A_1(t)-A_{10}+A_2(t)-A_{20}+(t_0-t)(z_1\sigma_1+z_2\sigma_2)/(T-t_0)]^2}$$

证毕。

第 4 章

旅行套餐建模：基于 OTA 主动叫价的酒店客房分配策略研究[*]

本章分析酒店客房在其自营渠道和 OTA 的旅行套餐之间的分配方案。通过建立酒店与 OTA 之间的斯坦伯格博弈模型，刻画两者之间的合作过程并得到最优解。不同于以往的研究，考虑到 OTA 的议价能力逐渐增强，本章假设 OTA 为斯坦伯格博弈中的行为领导者，对酒店客房的批发价进行叫价，酒店随后根据此叫价决定预留给 OTA 旅行套餐的客房数量。另外，研究从非信息对称和一（酒店）对多（OTA）两方面对模型进行拓展。

4.1 背 景 介 绍

随着经济的快速发展和旅游出行的方便，酒店和 OTA 在经济行为和旅游业中发挥着积极作用，并已经在学术研究中引起学者的高度重视。为了

---

[*] 本章内容基于以下论文改编和拓展：Dong, Y., Ling, L., & Guo, X. (2014). Travel package modeling: optimal bidding strategy of tour operator to cooperative hotels. Asia Pacific Journal of Tourism Research, 19 (12), 1417 – 1440。

同时满足顾客的各种需求，OTA 为顾客提供各式服务，旅行套餐应运而生（Guiltinan，1987）。旅行套餐是由两个或多个单独的旅游产品组成的混合产品，且出售价格通常低于各个单独产品的价格总和。旅行套餐因其以下优点而广受顾客欢迎。一是旅行套餐的方便性。旅行套餐包含各式服务，如机票、酒店和汽车租赁等。因此，顾客可以直接预订旅行套餐来满足其各种需求，而不需要单独向不同服务提供商预订各类服务。二是旅行套餐的经济性。相对于单独预订各种服务，通过购买旅行套餐，顾客可以大大节约成本（Johnson et al.，1999；Kim et al.，2009；Naylor & Frank，2001）。举例来说，由 Expedia 提供的旅行套餐，包含上海和拉斯维加斯之间的往返机票，以及拉斯维加斯湖威斯汀酒店 2013 年 1 月 9～16 日七晚的住宿，其总价是 1885 美元；然而，如果从拉斯维加斯湖威斯汀酒店的网站（http://www. westinlakelasvegas. com）预订客房，同时间段内七晚住宿必须支付 1675 美元，再加上往返机票，显然大大超过 1885 美元。

旅行套餐广受欢迎这一现象促进了 OTA 与酒店、航空公司、旅游景点和其他提供交通工具、住宿等服务的提供商之间的合作（Beritelli，2011；Morrison et al.，2004；Vernon et al.，2005）。例如，通过与酒店、租车公司等服务提供商建立合作关系，Stay Poland（http://www. staypoland. com/）为其客户创建了预订各种服务的系统。同样，为了方便顾客，三家顶级 OTA，Expedia、Travelocity 和 Orbitz 都为顾客提供"机票 + 酒店""机票 + 酒店 + 租车""酒店 + 租车""机票 + 租车"等旅行套餐。因此，为了给顾客提供具有吸引力的旅行套餐，OTA 与各服务提供商进行合作，确保及时向顾客提供保质保量的服务。

本章针对包含酒店客房在内的旅行套餐，建立由一家 OTA 和一家坐落在旅游目的地的酒店组成的旅游供应链，详细阐述酒店与 OTA 之间的合作问题，从而得出酒店客房在其自营渠道和 OTA 之间的旅行套餐之间的最优分配方案。

传统的净价模式被广泛应用于上文所述的合作中（O'Connor & Murphy，

2004；Toh et al.，2011b），即：每预留一间客房给 OTA 的旅行套餐，酒店向 OTA 索取一定的批发价，随后 OTA 根据这个批发价决定向酒店索要多少个客房。然而，在实践中，随着信息技术的快速发展，OTA 规模不断扩大，使 OTA 在与酒店的合作过程中逐步占据主导地位。为了保证其旅行套餐有稳定而充足的房源，OTA 主动对酒店的客房批发价进行叫价。本章假设酒店与 OTA 之间的合作满足斯坦伯格博弈，且 OTA 为行为领导者，酒店为行为跟随者。OTA 的决策变量为客房的批发价，酒店的决策变量为预留给 OTA 的旅行套餐的客房数量。酒店与 OTA 之间的博弈顺序如图 4.1 所示，具体为：第一，OTA 对酒店客房的批发价进行叫价；第二，获知 OTA 给出的批发价后，酒店决定为 OTA 的旅行套餐预留的客房数量；第三，OTA 将客房和其他服务产品打包成旅行套餐；第四，OTA 以合适的价格将旅行套餐出售给顾客，酒店同时接收单独预订客房的顾客的订单；第五，在入住日期购买旅行套餐和单独预订客房的顾客入住酒店；第六，OTA 按照合同条款向酒店支付批发价。

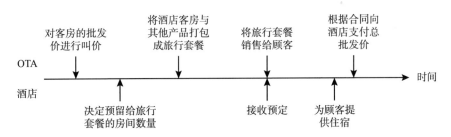

图 4.1　OTA 与酒店之间的博弈顺序

为了方便理解并比较本章建立的几种模型，这里定义下文将提到的术语如下：

（1）集中式模型：将 OTA 和酒店看成整体，它通过最大化供应链的总收益做出最优决策。本章将此模型中得到的最优解设为基准，与非集中式模型中的均衡解进行比较。

（2）非集中式模型：OTA 和酒店独立做出决策最大化各自的收益。应用斯坦伯格博弈描述两者之间的合作关系，并得到均衡解。非集中式模型的绩效通常低于集中式模型。

（3）供应链协调：设计一种协调机制，使非集中式模型的绩效等于集中式模型的绩效。

（4）非对称模型：酒店房价是酒店的私有信息，对 OTA 不透明。探讨此时 OTA 如何设计合同机制使酒店披露真实的房价信息。

（5）一（OTA）对多（酒店）模型：在此模型中，OTA 和多家相互竞争的酒店进行合作。

本章从以下几个方面研究 OTA 和酒店之间的合作。第一，得出集中式模型的最优解，并将其设置为基准。第二，应用斯坦伯格博弈理论得出非集中式模型的最优解，包括 OTA 对酒店客房批发价的最优叫价、酒店为 OTA 的旅行套餐预留的最优客房数量。第三，为了使非集中式模型达到集中式模型的绩效，本章引用收益共享契约协调旅游供应链。第四，本章探讨信息不对称情况下，即决策之前，如果酒店的房价对 OTA 不透明，OTA 如何设计合同使得酒店披露真实的客房信息。第四，探讨 OTA 与多家相互竞争的酒店之间的合作过程，并给出最优解。概括来说，本章的研究问题包括：一是 OTA 对旅行套餐中的酒店客房的批发价叫价多少？二是酒店预留多少客房给 OTA 的旅行套餐？三是能否找到一种协调机制，使非集中式供应链达到集中式供应链的绩效标准？如果能，如何设定该协调机制？四是如果决策之前酒店房价对 OTA 不透明，OTA 如何与酒店展开合作？五是当 OTA 与多个相互竞争的酒店合作时，最优决策是什么？

通过分析 OTA 与酒店共同经营旅行套餐的过程，本章得出以下结论。第一，当合作酒店的客房入住率较低或者客源不稳定时，OTA 叫价的批发价较低。此时，OTA 倾向与这些酒店建立稳定的合作关系。第二，散客需求较低或者客源不稳定的酒店通常选择为 OTA 的旅行套餐预留更多客房。此外，当决策之前酒店的房价对 OTA 不透明时，OTA 可以通过启示性原则设计合作机制使酒店披露真实的房价信息。最后，当 OTA 与多家相互竞争的酒店合作时，本章得到一个有悖常理但有趣的结论，即：获得更高批发价的酒店不一定预留更多的客房给 OTA 的旅行套餐。这个结论可以解释为，酒店预留给 OTA 的旅行套餐的客房数量，不仅受 OTA 支付的批发价的影响，还与酒店客房的入住率密切相关。

4.2　问题描述与集中式模型

4.2.1　合作模型描述

本章讨论一家位于旅游目的地的酒店，它有 C 间相同的客房，酒店向单独订购客房的顾客（本章称为散客）收取房费 p_0。假设散客的需求是 $\mu + \varepsilon$，其中 μ 是常数，代表散客需求的平均值；ε 是随机变量，代表散客的波动情况，且 $\varepsilon \in [\underline{\varepsilon}, \overline{\varepsilon}]$，其密度函数和分布函数分别是 $f(\varepsilon)$ 和 $F(\varepsilon)$。

出于方便和经济的考虑，一些顾客选择向 OTA 预订包含酒店客房在内的旅行套餐。因此，OTA 与酒店合作为顾客提供包含旅游目的地的住宿在内的旅行套餐。这种合作一方面为 OTA 的旅行套餐提供稳定的房源，另一方面为酒店带来更多的顾客从而提高酒店客房的入住率。

OTA 与酒店在净价模式下进行合作，过程如下：OTA 对酒店客房的批发价出价 ω；基于 OTA 给定的批发价，酒店决定预留给它的旅行套餐的客房数量 m；OTA 将酒店客房与其他服务（如航班、租车、观光、娱乐活动等）捆绑成旅行套餐，其成本是 c；最后，OTA 将旅行套餐以单价 p 销售给顾客。OTA 与酒店之间的具体合作顺序如图 4.1 所示。假设旅行套餐的需求是价格的线性递减函数（Cachon & Lariviere，2005；Wang et al.，2004），则旅行套餐的零售价是

$$p = a - bm \qquad (4.1)$$

其中，a/b 是市场潜在需求，$1/b$ 是价格弹性系数。

价格是直接影响顾客选择预订渠道（酒店或 OTA）的关键因素之一（Heung & Chu，2000；Kim et al.，2007；Meidan，1979；Moliner et al.，2007）。随着旅行套餐的出现，其经济性使得酒店的一些散客转而向 OTA 预订旅行套餐，而不是直接通过酒店单独预订客房。因此，酒店与 OTA 的合作可能会使酒店丢失一部分散客。换句话说，部分购买了旅行套餐的顾客来自酒店的散客。假设转换预订渠道的散客占购买旅行套餐的顾客的比例（我们称为转换率）为 β，因此，βm 位购买旅行套餐的顾客来自向酒店单独预订客房的散客。

4.2.2 基准模型：集中式最优决策

本节分析集中式模型的最优决策，并将其设为基准。在集中式模型中，OTA 和酒店被看成一个整体，通过最大化整体供应链的收益决定分配给旅行套餐的最优客房数量。

根据上节的描述，整个供应链的期望收益是

$$\Pi = (p - c)m + p_0 E \min\{\mu + \varepsilon - \beta m,\ C - m\} \qquad (4.2)$$

其中，$p = a - bm$ 是旅行套餐的零售价。第一项代表通过出售旅行套餐获得的收益，第二项代表为散客提供住宿所获得的收益。

供应链通过最大化其收益得出最优决策，即解决问题 $\max\limits_{m}\Pi$。因为公式（4.2）关于 m 的二阶导数是负数，可见收益是关于 m 的凹函数。因此，通过一阶条件可知预留给旅行套餐的最优酒店客房数量是唯一的，且为

$$m^c = \arg_m\left\{(1-\beta)F\left[C - \mu - (1-\beta)m\right] = 1 - \frac{a - c - 2bm}{p_0}\right\} \qquad (4.3)$$

根据公式（4.1）可以得到，集中式模型中旅行套餐的最优售价为 $p^c = a - bm^c$。总体而言，供应链以价格 p^c 出售 m^c 个旅行套餐，而将剩余的客

房以价格 p_0 出售给散客，得到最佳收益为 Π^c。接下来分析分配给旅行套餐的客房数量如何随着系统参数的变化而变化。

命题 4.1 分配给旅行套餐的最优客房数量随着酒店客房容量的增加而增加；随着散客的期望需求的增加而降低。即 m^c 随着 C 的增加而增加，随着 μ 的增加而减少，且

$$m^c \in \left[\frac{a - c - p_0}{2b}, \ \frac{a - c - \beta p_0}{2b} \right]$$

这一命题说明：为了提高客房入住率，客房容量更大的酒店通常预留更多客房给 OTA 的旅行套餐；拥有更多散客的酒店会减少预留给 OTA 的旅行套餐的客房数量，以减少未满足散客的需求带来的损失。该命题的证明见本章末附录。

4.3 非集中式模型和供应链协调

与基准模型不同，在非集中式模型中，OTA 和酒店独立做出最优决策来最大化各自的收益。本节第一部分说明 OTA 和酒店如何做出各自的最优决策。考虑到非集中式供应链的收益小于集中式供应链的收益，本节第二部分应用收益共享契约协调整个旅游供应链。

4.3.1 非集中式最优决策

在非集中式模型中，OTA 和酒店独立做出决策以最大化各自的收益。OTA 和酒店的期望收益分别为

$$\pi_t = (p - c)m - \omega m \tag{4.4}$$

$$\pi_h = \omega m + p_0 E \min\{\mu + \varepsilon - \beta m, \ C - m\} \tag{4.5}$$

其中，$p = a - bm$，以上收益是关于 ε 的期望。公式（4.4）的第一项是 OTA

销售旅行套餐获得的收益，第二项是 OTA 支付给酒店的总批发价。公式（4.5）的第二项是酒店为散客提供住宿获得的总收益。

应用逆向归纳法求 OTA 和酒店的最优决策。首先求行为跟随者即酒店的最优决策。给定单位批发价 ω，酒店通过求解 $\max_{m}\pi_h$ 最大化其收益。由于公式（4.5）关于 m 的二阶导数是负数，因此酒店的收益是预留给 OTA 的旅行套餐的客房数量的凹函数。根据公式（4.5）对 m 的一阶条件，酒店预留给旅行套餐的最优客房数量唯一且为

$$m^d = \frac{1}{1-\beta}\Big[C - \mu - F^{-1}\Big(\frac{p_0 - \omega}{(1-\beta)p_0} \Big) \Big] \qquad (4.6)$$

命题4.2和命题4.3说明预留给旅行套餐的最优客房数量如何随系统参数的变化而变化。

命题4.2 酒店预留给旅行套餐的最优客房数量随着 OTA 对批发价的叫价和酒店的客房容量的增大而增大，随着散客期望需求和房价的升高而降低。换句话说，m^d 随着 C 和 ω 的增加而增加，随着 μ 和 p_0 的增加而减少。

命题4.2说明，入住率较高的酒店（散客期望需求较高）预留较少的客房给 OTA 的旅行套餐，以减少不能满足散客的需求造成的潜在损失。此时，OTA 提高对客房批发价的叫价以争取更多的客房。另外，房价较高的酒店预留较少客房给 OTA 的旅行套餐，因为此时由于未满足散客需求而造成的潜在损失相对较高。此外，虽然旅行套餐的出现使部分散客转而向 OTA 购买旅行套餐，此时酒店的入住率仍旧增加，因为与 OTA 的合作能够为酒店吸引更多顾客。换句话说，酒店和 OTA 都得益于这种合作。根据公式（4.6）很容易推出命题4.2，因此证明省略。

总体而言，入住率和散客的需求都影响酒店与 OTA 的决策。入住率高的酒店往往预留较少客房给 OTA 的旅行套餐；此时，为了给其旅行套餐争取更多客房，OTA 提高对酒店客房批发价的叫价。此外，由于 OTA 支付给酒店的批发价与散客支付的房价存在差价，为了减少这种差价带来的收益

损失，散客需求比较大的酒店通常预留较少客房给 OTA 的旅行套餐；此时，OTA 必须出价一个更高的批发价以使酒店预留更多客房给它的旅行套餐。

命题 4.3 设 $\psi(\beta) = m(1-\beta)f[C - \mu - m(1-\beta)] - F[C - \mu - m(1-\beta)]$。当 $\psi(\beta) > 0$ 时，酒店预留给旅行套餐的客房数量随着转换率 β 的增加而增加；反之，当 $\psi(\beta) < 0$ 时，酒店预留给旅行套餐的客房数量随着转换率 β 的增加而减少。

命题 4.3 表明，当转换率 β 较小时，随着 β 的增大，散客流失增多，使得酒店的收益减少。为了提高入住率、弥补这种收益损失，酒店选择预留更多客房给 OTA 的旅行套餐。然而，当转换率继续增大导致 $\psi(\beta) \leqslant 0$ 时，流失的散客给酒店造成的收益损失大于入住率提高带来的收益增加幅度，此时，酒店减少预留给旅行套餐的客房数量。根据公式（4.6）本命题很容易得到证明。

当行为领导者，即 OTA 得知酒店会根据其叫价的批发房价做出如公式（4.6）的反应后，它通过求解 $\max_{\omega}\pi_t$ 得到最大化其收益的客房批发价为

$$\omega^d = \underset{\omega}{\arg}\{a - c - 2bm^d - \omega = (1-\beta)^2 p_0 m^d f[C - \mu - (1-\beta)m^d]\}$$

(4.7)

公式（4.4）关于 ω 的二阶导数是负数，可见 ω^d 是唯一最优解。一旦散客的分布情况已知，即可获得 ω^d 的闭合解。总结而言，在非集中式模型中，OTA 为酒店客房的批发价出价 ω^d，酒店根据这个批发价预留 m^d 个客房给 OTA 的旅行套餐。最后，OTA 以单价 $p^d = a - bm^d$ 将旅行套餐出售给顾客。

分析了集中式模型和非集中式模型中酒店和 OTA 的决策过程后，接下来比较两种模型之间的最优决策。

命题 4.4 与集中式模型相比，非集中式模型中酒店预留更少客房给 OTA 的旅行套餐。同样，非集中式模型中酒店和 OTA 的收益总和比集中式模型中少。即 $m^d < m^c$ 且 $\pi_t^* + \pi_h^* < \Pi^*$。

命题4.4表明，由于OTA支付给酒店的批发价小于酒店向散客收取的房价，所以当散客转向OTA购买旅行套餐或酒店不能满足散客的需求时，酒店必须承担一定的收益损失。因此，与集中式模型相比，非集中式模型中酒店会预留更少的客房给OTA的旅行套餐。结果，非集中式模型中旅游供应链的总收益小于集中式模型。通常，非集中式模型中的双重边际效应会导致供应链失效。命题4.4的证明参见本章末附录。

4.3.2　供应链协调

上一节证明非集中式模型中供应链的收益小于集中式。为了弥补这一绩效差，使非集中式供应链达到集中式供应链的绩效标准，本节设计一种基于收益共享的契约协调供应链。收益共享契约广泛应用于制造业以及服务业中，以实现供应链的全面协调（Campo & Yagüe，2007）。

与非集中式模型相同，在收益共享契约中，酒店和OTA独立做出决策。收益共享契约实现供应链的全面协调的过程如下。首先，OTA作为领导者，其收益占整个供应链收益的比例为ϕ，即

$$\pi_t = \phi\Pi \tag{4.8}$$

其中，Π和π_t分别由公式（4.2）和公式（4.4）给出。此时，酒店的收益为$\pi_h = (1-\phi)\Pi$。根据公式（4.8），可以计算出OTA支付给酒店的批发价为

$$\omega^F = (1-\phi)(a - bm - c) - \phi p_0 E\min\{\mu + \varepsilon - \beta m, \ C - m\}/m \tag{4.9}$$

其次，根据公式（4.9）给定的批发价，酒店通过求解$\max_m\{\pi_h = (1-\phi)\Pi\}$最大化其收益，决定预留$m^F$个客房给OTA的旅行套餐。此时，我们发现$m^F$等于集中式模型中酒店预留给OTA旅行套餐的客房数量，即

$$m^F = m^c \tag{4.10}$$

因此，实现了供应链协调。换句话说，此时酒店和OTA的收益之和等于集中式模型中供应链的收益。以下命题总结了供应链协调的结果。

命题 4.5 通过一个基于收益共享契约的协调机制，实现了供应链的全面协调，此时 OTA 对酒店客房的批发价的叫价由公式（4.9）给定。

文中通过收益共享契约将包含一家 OTA 和酒店的供应链进行全面协调。然而，只有当决策双方的收益都得到改善时，这种协调机制才能得以实施，即必须满足条件 $\phi \Pi^c > \pi_t^d$ 和 $(1-\phi)\Pi^c > \pi_h^d$，其中 Π^c 是集中式供应链的收益，π_t^d 和 π_h^d 分别是非集中式模型中 OTA 和酒店的收益。因此，ϕ 必须满足 $\phi \in [\pi_t^d/\Pi^c, (\Pi^c - \pi_h^d)/\Pi^c]$。

4.4　均匀分布下的最优决策及算例分析

本节首先给出散客服从均匀分布时 OTA 和酒店的最优决策，随后通过算例对最优解进行分析。

4.4.1　均匀分布下的决策

为了清晰地诠释非集中式模型中 OTA 与酒店之间的竞价策略，本节假设散客服从均匀分布，即 ε 服从 $[-n, n]$ 上的均匀分布。由于均匀分布下的解析解不影响研究结果，它被广泛应用于学术研究中（Amiri，2006；Guo & He，2012）。显然，n 代表散客需求的波动程度。根据公式（4.3）、公式（4.6）、公式（4.7），得出集中式和非集中式模型中的最优决策分别为

$$m^c = \frac{2n(a-c-p_0) + (1-\beta)(C-\mu+n)p_0}{4bn + (1-\beta)^2 p_0} \tag{4.11}$$

$$m^d = \frac{2n(a-c-p_0) + (1-\beta)(C-\mu+n)p_0}{4bn + 2(1-\beta)^2 p_0} \tag{4.12}$$

$$\omega^d = p_0 \frac{2n\left[4bn + (1-\beta)^2(a-c+p_0)\right] - (1-\beta)(C-\mu+n)\left[4bn + (1-\beta)^2 p_0\right]}{4n\left[2bn + (1-\beta)^2 p_0\right]}$$

$$(4.13)$$

将公式 (4.11)、公式 (4.12) 和公式 (4.13) 代入公式 (4.2)、公式 (4.4)、公式 (4.5) 中，得到集中式模型的收益、非集中式模型中 OTA 和酒店的收益分别为

$$\Pi^c = (a - bm^c - c)m^c + p_0(C - m^c) - \frac{p_0}{4n}\left[C - \mu + n - (1-\beta)m^c\right]^2$$

$$(4.14)$$

$$\pi_t^d = (a - c - bm^d - \omega^d)m^d \qquad (4.15)$$

$$\pi_h^d = \omega^d m^d + p_0(C - m^d) - \frac{p_0}{4n}\left[C - \mu + n - (1-\beta)m^d\right]^2 \qquad (4.16)$$

命题 4.6 非集中式模型中：第一，OTA 的收益随着酒店客房容量的增大、散客需求波动范围的扩大而增加，随着散客的期望需求和转换率的增加而降低；即 π_t^d 随着 C 和 n 的增加而增加，随着 μ 和 β 的增加而减少。第二，酒店收益随着其客房容量的增加、散客期望需求的增加而增加；随着散客需求的波动程度加剧、转化率的升高而减少；即，π_h^d 随着 C 和 μ 的增加而增加，随着 n 和 β 的增加而减小。

该命题表明：首先，客房容量增加能同时提高酒店和 OTA 的收益。从另一层面解释这个结论，即：当市场容量固定时，大型酒店选择与 OTA 合作能获得更高的收益；而 OTA 选择与大型酒店合作时所获得的收益也更丰厚。其次，转换率提升时，即更多散客转而向 OTA 购买旅行套餐，酒店由于单价差蒙受更大的收益损失。为此，OTA 不得不提高对酒店客房批发价的叫价，以鼓励酒店与之合作。结果导致 OTA 和酒店的收益都降低。再次，客房入住率高（散客期望需求较大）显然能提高酒店的收益，不能提高 OTA 的收益，因为此时酒店预留给 OTA 的客房数量减少。最后，当 n 增大时，散客需求的不稳定性增加，导致酒店的收益降低。散客需求不稳定时，酒店为了提高入住率而预留更多客房给 OTA，使得

OTA 的收益增加。该命题可以根据公式（4.15）和公式（4.16）推断出来，证明省略。

根据本命题可以得到如下管理启示：首先，对 OTA 来说，应该选择入住率较低的酒店进行合作；其次，对散客需求较低的酒店来说，可以通过与 OTA 建立合作关系提高入住率从而提高收益。同时，酒店应该采取措施努力增加散客需求，比如向散客提供一定优惠措施等。

4.4.2 算例分析

本节通过算例分析进一步分析非集中式模型中 OTA 和酒店之间的合作过程。设默认参数为 $C = 100$，$p_0 = 85$，$\mu = 80$，$n = 40$，$c = 20$，$\beta = 0.2$，$b = 1/3$，$a = 120$。表 4.1 给出这些参数，即转换率、客房容量、散客的需求情况对酒店和 OTA 的最优决策和最优收益的影响。

表 4.1　　　　均匀分布下集中式和非集中式模型的最优解

参数值				集中式模型		非集中式模型				
β	C	μ	n	m^c	Π^c	ω^d	m^d	π_t^*	π_h^*	$\pi_t^* + \pi_h^*$
0.2	100	80	40	49.01	8204.83	56.14	32.57	1074.67	6948.08	8022.75
0.1				47.39	8302.35	53.71	30.31	1096.80	6982.80	8079.60
0.3				50.22	8084.67	58.55	34.92	1040.78	6904.76	7945.55
	90			42.70	7549.44	61.79	28.37	815.69	6595.56	7411.25
	110			55.32	8807.61	50.50	36.76	1369.31	7206.31	8575.62
		65		58.48	7814.28	47.67	38.86	1530	6025.07	7555.06
		95		39.54	8477.03	64.62	26.27	699.56	7658.94	8358.5
			30	45.55	8361.41	54.53	28.90	1035.51	7107.74	8143.25
			50	51.71	8035.93	56.81	35.68	1116.67	6763.70	7880.37

表 4.1 表明：第一，酒店客房增多时，OTA 和酒店的收益都增加。这个结论表明，与大型酒店合作能增加 OTA 的收益。第二，转换率提高使酒店流失的散客增多，导致酒店收益降低。此时，为了减少散客流失导致的收益损失，酒店减少预留给 OTA 旅行套餐的客房数量；反过来，OTA 为了保证旅行套餐有足够的房源，不得不提高对酒店客房批发价的叫价。第三，散客增多意味着客房入住率提高，从而增加了酒店的收益。散客需求高时，酒店减少预留给旅行套餐的客房数量。此时，OTA 为了给旅行套餐争取更多客房，不得不提高支付给酒店的批发价，导致其收益降低。第四，散客需求波动程度加剧时，酒店的收益降低。此时，为了保证一定的入住率，酒店预留更多客房给 OTA 的旅行套餐，所以 OTA 的收益增加。总结而言，对 OTA 来说，与大型酒店、入住率低且散客需求不稳定的酒店合作能给 OTA 带来更多收益。对于酒店而言，应该采取措施保证一定的散客需求，且尽力维护顾客的忠诚度，保证散客需求的稳定性。

下面用图形详细说明各参数对酒店和 OTA 的决策的影响。

图 4.2（a）表明当转换率较小时，随着 β 的增加，酒店的散客流失增多，对其造成的收益损失越来越大。为了提高客房入住率，酒店预留更多客房给 OTA 的旅行套餐。当转换率大于一定的范围（本例中是 0.6）时，随着转换率的继续增大，散客流失所造成的收益损失大于购买旅行套餐的顾客带来的收益增加。此时，酒店减少预留给旅行套餐的客房数量。图 4.2（b）说明为了提高客房入住率，客房容量较大的酒店预留更多客房给 OTA 的旅行套餐。由于 OTA 支付的批发房价通常低于散客支付的房价，图 4.2（c）说明散客需求较大的酒店将减少预留给旅行套餐的客房数量，以减少因未满足散客需求造成的潜在收益损失。图 4.2（d）说明散客需求不稳定的酒店预留更多客房给 OTA 的旅行套餐以保证一定的客房入住率。

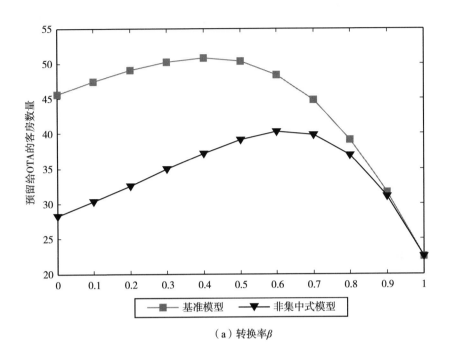

（a）转换率 β

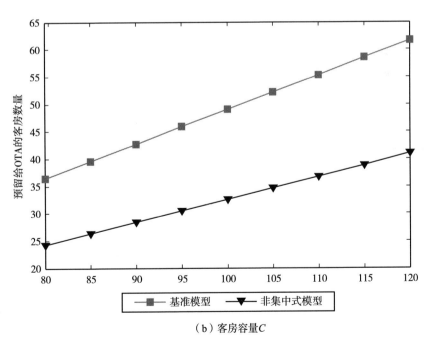

（b）客房容量 C

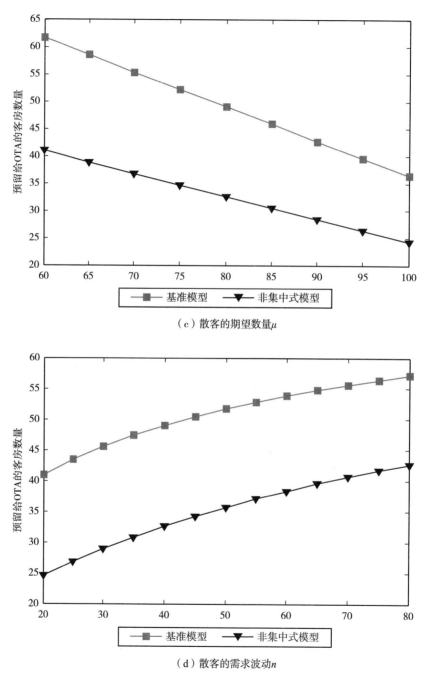

（c）散客的期望数量μ

（d）散客的需求波动n

图4.2 参数对酒店预留给旅行套餐的最优客房数量的影响

图 4.3（a）表明，当转换率很高时，大量散客流失导致酒店收益损失；此时 OTA 为了促使酒店与之继续合作，向酒店支付较高的批发房价。极端情况下，当 $\beta = 1$ 时，只有批发房价与散客支付的房价相等酒店才愿意继续与 OTA 合作，所以 $\omega = p_0 = 85$。图 4.3（b）说明酒店客房容量较大时，为了提高入住率，即使 OTA 支付较低的批发价酒店也愿意接受；而当散客的期望需求较大时，情况正好相反，此时 OTA 必须对客房的批发价叫价更高，如图 4.3（c）所示。图 4.3（d）表明，当散客需求很不稳定时，散客给酒店带来的收益具有很大的不确定性，间接导致收益减少。此时酒店要求 OTA 支付更高的批发价以弥补这种损失。

图 4.4（a）说明转换率的增加使得更多散客从酒店转换到 OTA，导致酒店的收益减少；而 OTA 不得不支付更高的批发价促使酒店继续与之合作，导致 OTA 的收益也减少。图 4.4（b）说明在不考虑运行成本的情况下，客房容量越大酒店和 OTA 的收益都将增加。散客需求增大有利于酒店收益的提高，如图 4.4（c）所示。然而，由于散客支付的房价高于 OTA 叫价的批发价，使得酒店倾向于接收散客。因此，当散客期望需求增加时，酒店减少预留给旅行套餐的客房数量，从而导致 OTA 的收益减少。散客需求的稳定性也是影响酒店决策的重要因素之一。如 4.4（d）所示，当散客需求波动剧烈时，散客带来的收益风险也较大，此时酒店倾向预留更多客房给 OTA 的旅行套餐，从而导致酒店收益的降低而 OTA 的收益增加。

图 4.5 表明非集中式模型中供应链的收益比集中式低。这是因为非集中式模型中各个决策者独立做出决策最大化自身的收益，从而导致了双重边际效应的产生。特别说明，当 $\beta = 1$ 时，图 4.5（a）表明 OTA 叫价的客房批发价和散客支付的房价相等，此时对于酒店来说散客和购买旅行套餐的顾客的边际收益相等。此时，酒店和 OTA 合成一个决策整体，使非集中式模型的供应链的总收益等于集中式模型。图 4.5（b）、图 4.5（c）的启示显而易见，这里不再赘述。

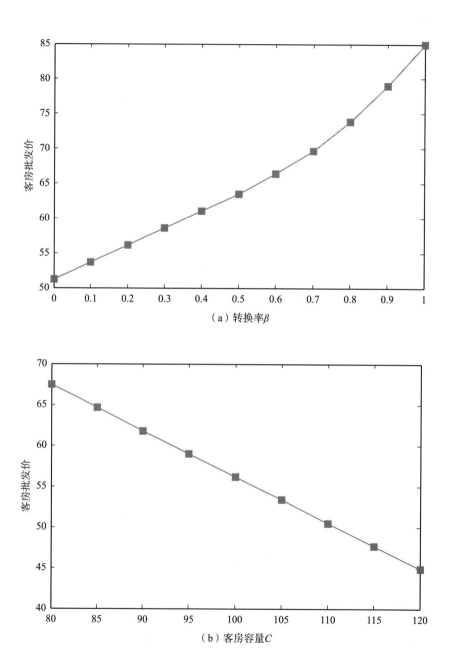

（a）转换率β

（b）客房容量C

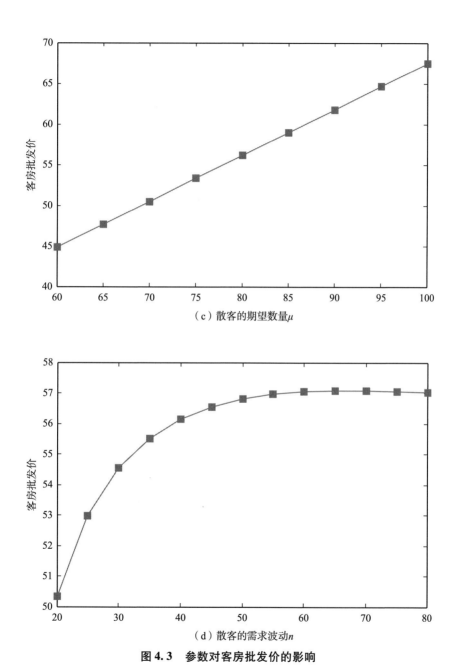

图 4.3　参数对客房批发价的影响

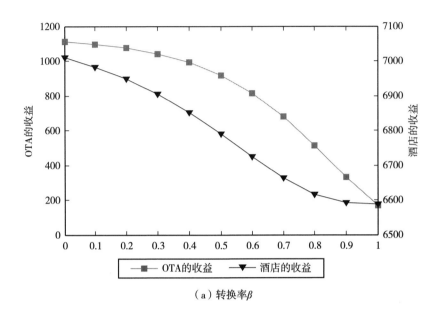

（a）转换率β

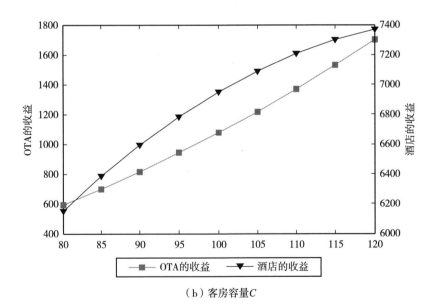

（b）客房容量C

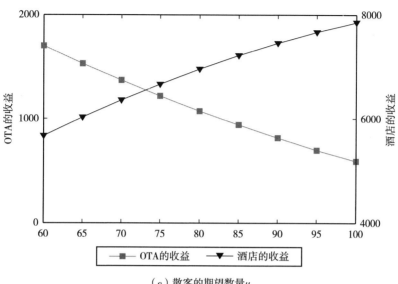

（c）散客的期望数量 μ

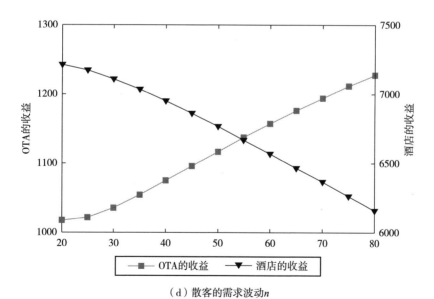

（d）散客的需求波动 n

图 4.4 参数对决策者收益的影响

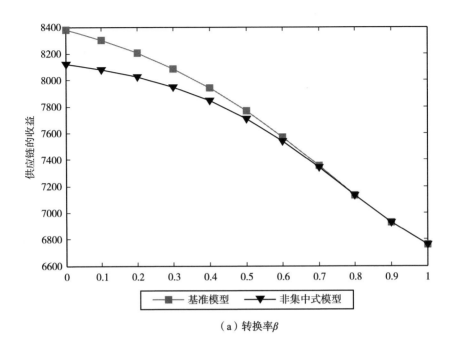

（a）转换率β

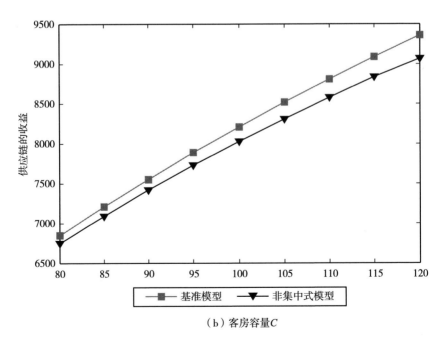

（b）客房容量C

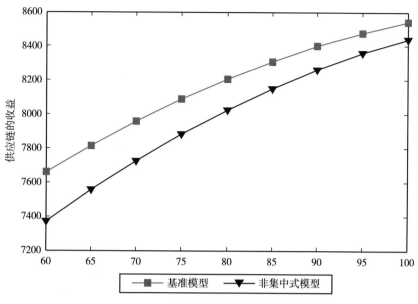

（c）散客的期望数量μ

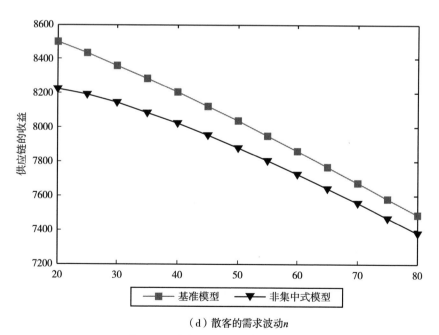

（d）散客的需求波动n

图 4.5　参数对供应链收益的影响

4.5 拓　　展

本节从两个方面扩展模型。首先，讨论散客支付的房价对 OTA 不透明时，OTA 如何设计合同机制促使酒店披露真实的信息，并给出最优解。其次，分析 OTA 与多家相互竞争的酒店的合作过程，并给出最优解的求解方法。

4.5.1　非对称预测：房价不透明

前面小节中分析了信息充分共享条件下 OTA 和酒店之间的合作过程。然而，在实践中，OTA 在决策之前通常不知道酒店散客支付的房价。本节讨论一家 OTA 和一家酒店在信息不对称情况下的合作过程，即决策之前酒店的房价对 OTA 不透明。因此，为了获得更高的批发房价进而提高收益，酒店可能夸大 p_0。基于这个事实，OTA 必须设计一种合同机制确保酒店在合作过程中披露真实的房价。

如上文所述，因为酒店的房价不是公共信息，OTA 只能通过酒店的历史房价估计将来的房价。所以，OTA 在基于先验信息的基础上在区域 $[\underline{p_0}, \overline{p_0}]$ 内估计房价 p_0。此时，OTA 将房价视为随机变量，其概率密度函数和累积分布函数分别为 $g(p_0)$ 和 $G(p_0)$。OTA 设计一款合同，使酒店披露的房价与酒店预留给自己的客房数量相关，这种方式间接使酒店为它报出的房价负责，从而约束酒店的行为。本章应用诸多研究（Fudenberg & Tirole，1991；Laffont & Tirole，1993；Myerson，1979）中提到的启示性原则（revelation principle）设计合同，确保酒店披露真实的房价信息。

根据启示性原则，非信息对称情形下事件顺序如下。第一，作为领导者的 OTA 在观察旅行套餐的市场需求后，通过最大化其收益设计合同。合同内容如下：OTA 为酒店设计一组合同套餐 $\{M(p_0), P(p_0)\}$，其中 $M(p_0)$ 是酒店预留给 OTA 的旅行套餐的客房数量，$P(p_0)$ 是 OTA 支付给酒店的总费用；因此，酒店每披露一个房价 p_0，它必须向 OTA 提供 $M(p_0)$ 间客房，收到总费用 $P(p_0)$。第二，酒店根据 OTA 给定的合同套餐，通过最大化其收益报出客房的房价 $\hat{p}_0$，这个房价可能与酒店真实的房价不同。根据合同规定，酒店报出房价 $\hat{p}_0$ 等于选择了合同 $\{M(p_0), P(p_0)\}$。此时，酒店预留 $M(\hat{p}_0)$ 个客房给 OTA 的旅行套餐，OTA 向酒店支付费用 $P(\hat{p}_0)$。第三，OTA 根据酒店披露的房价 $\hat{p}_0$，决定旅行套餐的零售价。必须说明的是，合同一旦签订则不能更改；也就是说，一旦酒店选择合同套餐 $\{M(p_0), P(p_0)\}$，双方必须履行合同规定，不允许更改。

根据选定的合同套餐，OTA 和酒店的收益分别为

$$\pi_t^a = [a - bM(\hat{p}_0) - c]M(\hat{p}_0) - P(\hat{p}_0) \tag{4.17}$$

$$\pi_h^a = P(\hat{p}_0) + p_0 E\{\mu + \varepsilon - \beta M(\hat{p}_0), \ C - M(\hat{p}_0)\} \tag{4.18}$$

以上收益是关于 ε 的期望。

应用启示性原则，OTA 设计的最优合同菜单能够有效限制酒店的行为，即它能使酒店如实披露其客房价格。尽管酒店的真实房价对 OTA 不透明，OTA 可以根据酒店宣布的房价 $\hat{p}_0$ 预测真实的房价，预测结果为 $\hat{p}_0(p_0)$。OTA 再根据预测结果设计满足激励相容约束的合同套餐 $\{M(p_0), P(p_0)\}$，确保酒店披露真实信息，使 $\hat{p}_0 = p_0$。

命题 4.7 当酒店的客房价格对 OTA 不透明时，OTA 通过设置合同套餐 $\{M(p_0), P(p_0)\}$ 使酒店披露真实房价，且最优合同套餐由以下公式给定：

$$\dot{P}^a(p_0) = p_0 \dot{M}^a(p_0)[1 - (1-\beta)F(z)]$$

$$a - 2bM^a - c = \left[\frac{G(p_0)}{g(p_0)} + p_0\right][1 - (1-\beta)F(z)]$$

其中，$z = C - \mu - (1-\beta)M^a$。

总结而言，尽管酒店倾向于夸大其客房房价，命题 4.7 中的合同能够

使酒店不得不披露真实信息。启示性原则被广泛应用于非信息对称情形下的合同设计中（Corbett & Groote，2000；Corbett et al.，2004；Ha，2001；Mukhopadhyay et al.，2008；Shen & Willems，2012；Ugarte & Oren，2000）。命题 4.7 的证明见本章末附录。

4.5.2　一家 OTA 与多家酒店合作的模型

在前面的章节中，我们研究了一家 OTA 和一家酒店之间的合作。然而，在实践中，OTA 通常同时与多家酒店合作，且这些酒店相互之间存在竞争关系。因此，本节将模型拓展成 OTA 与多家酒店合作的情形。假设 OTA 与 k 家酒店合作，OTA 是斯坦伯格博弈的领导者，而 k 家酒店是追随者。OTA 分别对 k 家酒店提供的客房进行打包，形成 k 种旅行套餐。此时，k 种旅行套餐之间存在竞争关系，导致每种旅行套餐的需求不仅受自身价格的影响，还受其他旅行套餐的价格的影响。为了描述这种竞争关系，假设旅行套餐 i 的需求与价格之间的关系为

$$m_i = A - Bp_i + \varphi \sum_{j=1}^{k} p_j, \quad (\forall i = 1, 2, \cdots, k, \text{ 且 } j \neq i) \qquad (4.19)$$

其中，A 是市场总需求，B 是价格影响系数，而 φ 是各旅行套餐的价格相关系数。其他参数同前面章节的描述。根据公式（4.19），得到 $p_i = A/B - m_i/B + \varphi/B \sum_{j=1}^{k} p_j$，$\forall j \neq i$。

此时的斯坦伯格博弈顺序是：第一，OTA 决定对酒店 i 的客房批发价叫价 ω_i；第二，酒店 i 通过最大化其收益决定预留给 OTA 的旅行套餐的客房数量 m_i；第三，OTA 将酒店 i 的客房打包成旅行套餐并以价格 p_i 销售给顾客。

因此，OTA 和酒店 i 的期望收益分别为

$$\pi_t^M = \sum_{i=1}^{k} (p_i - c_i) m_i - \sum_{i=1}^{k} \omega_i m_i \qquad (4.20)$$

$$\pi_i^M = \omega_i m_i + p_{0i} E\min\{\mu_i + \varepsilon_i - \beta_i m_i, \ C_i - m_i\} \tag{4.21}$$

其中，$p_i = A/B - m_i/B + \varphi/B \sum_{j=1}^k p_j$，$\forall j \neq i$。

同样，该模型的最优解可以通过逆向归纳法获得。首先，给定批发价格 ω_i，酒店 i 通过解 $\max_{m_i} \pi_i^M$ 最大化其收益。由于公式（4.21）关于 m_i 的二阶导数是负数，酒店的收益是 m_i 的凹函数，说明 m_i 具有唯一最优解。根据方程（4.21）对 m_i 的一阶导数，得到酒店 i 预留给 OTA 的旅行套餐的客房数量是

$$m_i^M = \frac{1}{1-\beta_i}\left\{C_i - \mu_i - F^{-1}\left[\frac{p_{0i} - \omega_i}{(1-\beta_i)p_{0i}}\right]\right\} \tag{4.22}$$

其次，已知酒店做出如公式（4.20）的反应后，OTA 通过解以下最优化问题决定支付给各酒店的批发价 ω_i：

$$\max_{\omega_i} \pi_t^M = \sum_{i=1}^k (p_i - c) - \sum_{i=1}^k \omega_i m_i$$

$$\text{s. t. } m_i = \frac{1}{1-\beta_i}\left\{C_i - \mu_i - F^{-1}\left[\frac{p_{0i} - \omega_i}{(1-\beta_i)p_{0i}}\right]\right\}$$

$$p_i = \frac{A}{B} - \frac{m_i}{B} + \frac{\varphi}{B\sum_{j=1}^k p_j}, \ (\forall j \neq i)$$

同理，OTA 的收益函数关于批发价 ω_i 的二阶导数是负数，因此 ω_i 有唯一最优解。根据一阶条件得到最优批发价如命题 4.8 所示。

命题 4.8 OTA 支付给酒店 i 的最优批发价为

$$\omega_i^M = \arg_{\omega_i}\left\{B\omega_i = T + A - cB - 2m_i^M - (1-\beta_i)^2 p_{0i} m_i^M f[C_i - \mu_i - (1-\beta_i)m_i^M]\right\} \tag{4.23}$$

其中，$T = \dfrac{\varphi^2(k-1)(A-1) + \varphi(k-1)(AB - \varphi m_i^M) - \varphi B \sum_{j=1}^k m_j^M}{1 - \varphi B(k-2) - \varphi^2(k-1)}$，$m_i^M = \dfrac{1}{1-\beta_i}\left\{C_i - \mu_i - F^{-1}\left[\dfrac{p_{0i} - \omega_i}{(1-\beta_i)p_{0i}}\right]\right\}$，$\forall j \neq i$。

从公式（4.23）可以看出，ω_i^M 是关于 m_j^M 的函数，而从公式（4.23）可以看出 m_j^M 依赖于 ω_j^M；因此，我们推断出 ω_i^M 与 ω_j^M 相关，即 OTA 支付给酒店 i 的批发房价与其支付给其他酒店的批发房价相关。也就是说，OTA 需要权衡各个酒店的具体情况做出最优决策。由于散客的需求分布形式未知，命题 4.8 无法给出具体的解析解。因此，下面用一个包含两家酒店的算例说明问题。

假设 OTA 同时与两家酒店合作，即酒店 1 和酒店 2。散客服从区间 $[\mu_i - n_i, \mu_i + n_i]$ 上的均匀分布，其中 $i = 1$，2 分别代表酒店 1 和酒店 2。设 $A = 180$、$B = 2$、$\varphi = 1/2$、$c = 20$，其他参数值如表 4.2 所示。

表 4.2　　　　　　　　　　　　　系统参数值

参数	C_i	p_{0i}	μ_i	n_i	β_i
酒店 1	100	85	80	40	0.2
酒店 2	150	100	130	50	0.3

基于以上参数，得到 OTA 对各酒店的客房批发价的最优叫价、酒店预留给 OTA 的旅行套餐的最优客房数量如表 4.3 所示。

表 4.3　　　　　　　　　　　　　　均衡解

项目	ω_1^M	ω_2^M	m_1^M	m_2^M	p_1^M	p_2^M	π_1^M	π_2^M	π_t^M
最优解	50.95	61.14	24.92	20.69	103.95	105.64	6798.71	12654.9	1329.49

从表 4.3 可以看出，获得更高批发价的酒店不一定预留更多客房给 OTA 的旅行套餐。这是因为酒店预留给 OTA 的客房数量不仅依赖于 OTA 支付的批发价，还受酒店入住率的影响。例如，本例中，酒店 1 的入住率为 $\mu_1 / C_1 = 0.8$，显然低于酒店 2 的入住率 $\mu_2 / C_2 = 0.86$；所以，虽然酒店 2 获得的批发价比酒店 1 高，它预留给 OTA 的客房却比酒店 1 少。另外，因

为酒店 2 的房价比酒店 1 高，OTA 支付给酒店 2 的批发价也相对更高，即使此时酒店 2 预留更少客房给 OTA。

4.6　本 章 小 结

OTA 和酒店之间的合作在实践中越来越普遍，因为 OTA 和酒店都能从这种合作中获益：OTA 能够确保其旅行套餐有足够的房源供应，酒店能够吸引更多网络顾客从而提高入住率和收益。本章首先建立了由一家 OTA 和一家酒店构成的旅游供应链，其中 OTA 对酒店客房的批发价进行叫价，酒店则决定为 OTA 的旅行套餐预留的客房数量。其次分析集中式和非集中式模型中的最优解，通过比较发现，非集中式模型中酒店和 OTA 的收益总和小于集中式模型。为了弥补此收益差，本章设计基于收益共享契约的合同机制实现供应链的全面协调，即：使非集中式模型中供应链的收益等于集中式模型的收益。此外，实践中，酒店的房价在决策之前是私人信息（即对 OTA 不透明），酒店通常夸大其房价以从 OTA 获得更高的批发价。因此，本章对模型进行拓展，即 OTA 应用启示性原则设计合同机制，使酒店披露真实的房价信息。最后，本章将模型拓展到一家 OTA 与多家相互竞争的酒店进行合作的情形。这一拓展模型更符合现实因而更具研究价值。

研究结论表明 OTA 叫价的批发房价随着酒店的客房容量、散客需求的波动范围的增大而降低，但随着客房零售价和散客的期望需求的增加而提高。这一结果说明，与入住率低、散客需求不稳定的酒店合作时，OTA 能获得更高的收益。另外，如果酒店的入住率比较低，即客房容量较大或者散客需求较小，为了提高入住率酒店预留更多客房给 OTA 的旅行套餐。与此同时，当散客的需求不稳定时，酒店也将增加预留给旅行套餐的客房。这些结果表明，酒店应当采取措施提高散客的需求，并给散客提供了一定的优惠政策以提高散客的忠诚度从而保证散客需求的稳定性。

本章的学术价值和社会贡献如下。学术价值方面，文章将斯坦伯格博弈模型应用于 OTA 与酒店的合作过程中。过去的研究一直强调旅游产业中各组织之间合作的重要性（Ku et al.，2011b；Medina-Muñoz & García-Falcón，2000；Medina-Muñoz et al.，2002）。然而，本章与他们不同表现在两个方面。一方面，其他研究大部分从实证或者案例分析的角度研究酒店与 OTA 之间的合作（Medina-Muñoz et al.，2002；Selin & Chavez，1995；Wong & Kwan，2001），而本章从博弈论的角度探讨两者之间的合作问题。另一方面，本章从个体层面研究旅游供应链中的各决策者如何作出最优决策，而不是从团体或战略联盟层面进行分析（Byrd，2007；Chathoth & Olsen，2003；Dickson et al.，2006；Jamal & Getz，1995；Ku et al.，2011b）。本章的学术价值还体现在，文章探讨非信息对称情况下，即假设酒店的房价是私人信息对 OTA 不透明，OTA 如何设计合同机制促使酒店披露真实信息，并给出最优解。

社会贡献方面，本章为 OTA 和酒店提供了重要的管理启示。首先，为了获得更高的收益，OTA 应该与大型酒店、入住率低及散客需求不稳定的酒店建立合作关系。其次，OTA 支付给酒店的批发价越高，获得的客房数量不一定更多。因此，OTA 决策时必须将酒店的入住率考虑在内。最后，酒店应该采取措施提高散客的需求，并给散客提供一定优惠政策以提高散客的忠诚度，从而保证散客需求的稳定性。

本章的局限性体现在以下几个方面。首先，旅行套餐通常包含各种服务产品，如机票和汽车租赁等。本章只考虑 OTA 与酒店的合作显得较单一；因此，同时考虑 OTA 和各种服务提供商之间的合作是个有意义的课题。其次，本章没有探讨影响顾客购买行为的因素。一旦了解这些因素，OTA 和酒店便可以根据顾客的喜好及时调整销售策略。因此，未来的研究方向可以从这方面进行拓展。最后，顾客成功预订客房但在最后时刻才取消订单或失约的现象在旅游业中非常常见。因此，考虑到酒店客房的时效性，建议未来的研究将顾客的失约行为考虑在内。

本 章 附 录

命题 4.1 的证明

因为 $0 \leqslant F(\cdot) \leqslant 1$，根据公式（4.3）有 $m^c \in \left[\dfrac{a-c-p_0}{2b}, \dfrac{a-c-\beta p_0}{2b} \right]$。

将等式 $(1-\beta)F[C-\mu-(1-\beta)m] = 1-(a-c-2bm)/p_0$ 等号两边对 μ 求导，得到

$$\frac{\partial m}{\partial \mu} = -\frac{(1-\beta)p_0 f[C-\mu-(1-\beta)m]}{2b+(1-\beta)^2 p_0 f[C-\mu-(1-\beta)m]} < 0$$

因此，m^c 随着 μ 的增大而减小。同理可得，m^c 随着 C 的增大而增大。证毕。

命题 4.4 的证明

用反证法证明 $m^d < m^c$。

假设 $m^d \geqslant m^c$，因为 $F(\varepsilon)$ 是 ε 的递增函数，所以

$$F[C-\mu-(1-\beta)m^d] \leqslant F[C-\mu-(1-\beta)m^c]$$

根据公式（4.3）和公式（4.6）有

$$F[C-\mu-(1-\beta)m^d] - F[C-\mu-(1-\beta)m^c] = \frac{a-c-\omega-2bm^c}{(1-\beta)p_0}$$

根据公式（4.7）有

$$a-c-2bm^d-\omega = m^d p_0 (1-\beta)^2 f[C-\mu-(1-\beta)m^d] > 0$$

当 $m^d \geq m^c$ 时，$a - c - \omega - 2bm^c \geq a - c - \omega - 2bm^d > 0$，所以

$$F[C - \mu - (1 - \beta)m^d] - F[C - \mu - (1 - \beta)m^c] > 0。$$

这与 $F[C - \mu - (1 - \beta)m^d] \leq F[C - \mu - (1 - \beta)m^c]$ 矛盾。因此，$m^d < m^c$。

根据公式（4.2），当 $m = m^c$ 时，供应链收益达到最大。如果 $m^d < m^c$，则 $\Pi(m^d) < \Pi(m^c)$ 且 $\Pi^* > \pi_t^* + \pi_h^*$ 成立。

证毕。

命题 4.7 的证明

根据公式（4.18），得到使酒店收益最大的一阶条件是

$$\dot{P}(\hat{p}_0) = p_0 \dot{M}(\hat{p}_0)\{1 - (1 - \beta)F[C - \mu - (1 - \beta)M(\hat{p}_0)]\} \quad （A1）$$

其中，$\dot{P}(\hat{p}_0) = D_{\hat{p}_0}P(\hat{p}_0)$，$\dot{M}(\hat{p}_0) = D_{\hat{p}_0}M(\hat{p}_0)$。

当 $\hat{p}_0 = p_0$ 时，说明酒店透露真实的房价信息。将 $\hat{p}_0 = p_0$ 代入公式（A1），得到合同下的激励相容约束为

$$\dot{P}(p_0) = p_0 \dot{M}(p_0)\{1 - (1 - \beta)F[C - \mu - (1 - \beta)M(p_0)]\} \quad （A2）$$

因此，旅行社在以上激励相容约束条件下，通过求解 $\max\limits_{M(\cdot), P(\cdot)} E_{p_0}[(a - bM - c)M - P]$ 来决定 $\{M(p_0), P(p_0)\}$ 合同菜单。

根据研究（Kamien & Schwartz, 1981），我们构建哈密尔顿函数。设 $k(\cdot) = \dot{M}(\cdot)$，则哈密尔顿函数为

$$H(M, P, k, \lambda_M, \lambda_P) = [(a - bM - c)M - P]g(p_0)$$
$$+ \lambda_P p_0 k\{1 - (1 - \beta)F[C - \mu - (1 - \beta)M]\} + \lambda_M k$$

最优解必须满足以下条件：

$$\dot{\lambda}_P = -D_P H \quad （A3）$$

$$\dot{\lambda}_M = -D_M H \quad （A4）$$

$$D_k H = 0 \quad （A5）$$

根据公式（A3），有

$$\dot{\lambda}_P(p_0) = g(p_0) \quad （A6）$$

边界 $p_0 = \underline{p_0}$ 无限制，因此 $\lambda_P(\underline{p_0})$ 的横截条件（Transversality Condition）可表示为 $\lambda_P(\underline{p_0}) = 0$。再根据公式（A6），有

$$\lambda_P(p_0) = G(p_0) \tag{A7}$$

公式（A4）和公式（A5）可表示为

$$\dot{\lambda}_M = -(a - c - 2bM)g(p_0) - \lambda_P(1-\beta)^2 p_0 kf[C - \mu - (1-\beta)M] \tag{A8}$$

$$D_k H = \lambda_P p_0 \{1 - (1-\beta)F[C - \mu - (1-\beta)M]\} + \lambda_M = 0 \tag{A9}$$

公式（A9）对 p_0 求导，得到

$$\dot{\lambda}_M = -p_0(1-\beta)^2 \lambda_P f(z)k - (\lambda_P + p_0 \dot{\lambda}_P)[1 - (1-\beta)F(z)] \tag{A10}$$

其中，$z = C - \mu - (1-\beta)M^a$。

综合公式（A6）和公式（A7），再根据公式（A8）和公式（A10），得到

$$a - c - 2bM = \left[\frac{G(p_0)}{g(p_0)} + p_0\right]\{1 - (1-\beta)F[C - \mu - (1-\beta)M]\}$$

最优备选菜单中的 $M^a(p_0)$ 必须满足上述公式。

证毕。

第 5 章

与 OTA 合作时中小型酒店的
最优定价机制研究[*]

相较于大型酒店或连锁酒店，中小型酒店通常缺乏自建的官方网站体系，因此，它们在客房营销上更加依赖于 OTA。在旅游电子商务发展的初期阶段，中小型酒店与 OTA 之间的合作多采用净价模式。由于中小型酒店没有自己的官方网站，这种在价格不透明背景下的合作模式具有实施的可行性。本章将深入探讨中小型酒店与 OTA 在净价模式下的合作情况，对比分析合作与不合作两种情形下双方的收益。研究发现，合作能够显著提升 OTA 和中小型酒店的收益。为了进一步优化收益结构，本章设计了收益共享模式，旨在使非集中式情形下的收益能够达到集中式情形下的水平。

5.1 引　　言

为了提升运营效率和方便旅客预订机票，航空公司提供了网络服务，

　　* 本章内容基于以下论文改编和拓展：Ling, L., Guo, X., & Liang, L. (2011). Optimal pricing strategy of a small or medium-sized hotel in cooperation with a web site. Journal of China Tourism Research, 7 (1), 20 – 41。

使旅客能够轻松搜索和预订航班；面对日益激烈的竞争和在线预订的普及，酒店行业也纷纷转向互联网渠道。例如，万豪国际集团、希尔顿酒店集团和 7 天连锁酒店等国际知名酒店，为了顾客预订的便利以及自身运营的便捷，都运营自己的网站。然而，由于访问量有限和运营成本高昂，许多中小型酒店在建立并运营官方网站方面面临困境。为了向顾客提供在线服务，它们选择与携程、艺龙等 OTA 合作。这种酒店与 OTA 的合作模式是双赢的：酒店通过 OTA 吸引更多顾客以提高入住率，而 OTA 则通过酒店提供的批发房价与给顾客的折扣房价之间的差额来获取收益。

尽管在线预订住宿极为便捷，但仍有一部分顾客偏爱通过传统方式预订酒店客房，即通过打电话或亲自到店预订。因此，大多数酒店都同时参与了传统渠道和互联网渠道的销售。然而，由于酒店的服务能力有限且客房易逝，与 OTA 的合作对酒店来说构成了一个困境。即如果批发房价设置得较低，酒店会鼓励 OTA 努力吸引更多顾客。然而，如果通过 OTA 预订的顾客过多，随着高入住率的实现，酒店的收益反而会减少，因为酒店无法满足所有以前台标准房价预订酒店客房的个人顾客的住宿需求。

酒店与 OTA 之间的合作机制多种多样（Clemons et al.，2002）。本章中，酒店作为主导方确定 OTA 的批发房价，而 OTA 则确定顾客的折扣房价。本章将重点关注以下几个问题：第一，酒店与网站合作的均衡状态是什么？第二，某些参数，例如，标准房价，对酒店和网站的决策有何影响？第三，何种策略能够确保合作实现全渠道协调？第四，一家网站与多家酒店的合作是否存在均衡状态？

5.2　模型描述

假设酒店有 C 个相同的客房，每个客房可以容纳一位顾客，酒店的标准房价是 p_x。通过酒店前台预订客房的散客数量是 $x = \mu + \varepsilon$，其中 μ 是一个常数，ε 服从在 $\left[-a, a\right]$ 内的均匀分布，ε 的密度函数为 $f(\varepsilon) = \dfrac{1}{2a}$。

为了提高入住率和收益，酒店与 OTA 进行合作。酒店给 OTA 的批发房价为 p_0，OTA 确定给它的访客的折扣房价为 p_y。假设有 N 个 OTA 访客对酒店的位置、服务和设施感到满意，其中有 y 个访客认为房价合理并预订了酒店客房。根据双方达成的协议，酒店客房优先为通过 OTA 预订的顾客预留，剩余的客房给散客。

5.2.1 本章假设

本章基于以下假设讨论中小型酒店与 OTA 之间的合作：

假设（5.1）$y < C$。

假设（5.2）$\mu < C$。

假设（5.3）$\mu + a > C$。

假设（5.1）说明酒店可以容纳所有通过 OTA 预订客房的访客，这是非常合理的。因为酒店以批发房价预留客房给 OTA，并不为 OTA 访客未满足的住宿需求而支付任何溢价。因此，OTA 没有动机以更低的折扣房价吸引超过酒店容量的访客来预订客房。假设（5.2）说明酒店容量大于散客的期望数量。这个假设在实践中非常常见，特别是在淡季，酒店入住率非常低；否则，酒店没有必要与 OTA 合作。假设（5.3）意味着在极端情况下，酒店吸引的散客多于它的容量。

5.2.2 不合作情况下酒店散客的期望数量

酒店不与 OTA 合作的情况下，酒店散客的期望数量如下：

$$x_{h1} = \int_{\mu-a}^{C} xf(x)\,\mathrm{d}x + \int_{C}^{\mu+a} Cf(x)\,\mathrm{d}x \tag{5.1}$$

公式（5.1）中的第一项和第二项，分别对应酒店是否可以容纳所有散客的情况。

因此，酒店的收益为 $\pi_0 = p_x x_{h1}$。

命题 5.1　x_{h1} 随着 a 的增加而减少。

命题 5.1 意味着住宿需求的高不确定性导致散客的期望数量降低。

命题 5.1 的证明见本章附录。

5.2.3　合作情况下酒店散客的期望数量

在旅游电子商务背景下，为了方便预订客房并获取折扣房价，一些顾客会通过 OTA 预订酒店客房。然而，OTA 提供的折扣率在一定程度上会影响 OTA 访客最终是否通过它预订客房。因此，OTA 访客最终通过 OTA 预订酒店客房的概率可表示为

$$U(p_y) = 1 - \frac{p_y}{p_x} \tag{5.2}$$

上述公式说明：第一，如果 OTA 提供的房价 p_y 与酒店标准房价 p_x 相同，则访客将不通过 OTA 预订；第二，如果 OTA 提供免费住宿，则访客将毫不犹豫地通过 OTA 预订；第三，更高的折扣率吸引更多的访客通过 OTA 预订。根据公式（5.2），得出 OTA 顾客数量如下：

$$y = NU(p_y) \tag{5.3}$$

根据合同规定，酒店客房优先为 OTA 顾客预留，剩余的客房留给散客。因此，酒店散客的期望数量为

$$x_{h2} = \int_{\mu-a}^{C-y} xf(x)\,\mathrm{d}x + \int_{C-y}^{\mu+a} (C-y)f(x)\,\mathrm{d}x \tag{5.4}$$

其中，第一项和第二项分别为酒店剩余容量大于或小于散客到店数量时酒店接待的散客数量。

5.2.4　集中式情形下的合作模型

为了给非集中式情形设定一个基准，将酒店和 OTA 看成一个整体，所

有决策都由该整体做出。根据公式（5.2）、公式（5.3）和公式（5.4），得到整体的期望收益如下：

$$\Pi = p_y y + p_x x_{h2} = p_y y + p_x(C - y) - \frac{p_x}{4a}(y - t)^2 \qquad (5.5)$$

其中，$t = C - \mu + a$。第一项表示来自 OTA 顾客的收益，第二项和第三项表示来自酒店散客的收益。

整体通过求解最优化问题 $\max\limits_{p_y}\Pi$ 来最大化其收益，并得到 OTA 顾客的最优折扣房价：

$$p_y^c = \left(1 - \frac{t}{4a + N}\right)p_x \qquad (5.6)$$

公式（5.6）表明，OTA 顾客的折扣房价随着标准房价、酒店入住率和 OTA 访客数量的增加而增加。

根据公式（5.2）、公式（5.3）、公式（5.5）和公式（5.6），得到 OTA 顾客的数量和集中式情形下公司收益分别为

$$y^c = \frac{tN}{4a + N} \qquad (5.7)$$

$$\Pi^c = Cp_x - \frac{t^2 p_x}{4a + N} \qquad (5.8)$$

5.3　非集中式情形下的合作

在非集中式情形下，酒店和 OTA 独立作出决策，以最大化各自的收益。酒店和 OTA 的决策顺序如下：第一，酒店确定给 OTA 的批发房价 p_0；第二，OTA 确定给顾客提供的折扣房价 p_y。

5.3.1　非集中式情形下的合作模型

OTA 和酒店的期望收益如下：

$$\pi_w = (p_y - p_0)y = (p_y - p_0)\left(1 - \frac{p_y}{p_x}\right)N \tag{5.9}$$

$$\pi_h = p_0 y + p_x x_{h2} = p_0 y + p_x(C - y) - \frac{p_x}{4a}(y - t)^2 \tag{5.10}$$

给定批发房价 p_0，OTA 通过解决最优化问题 $\max\limits_{p_y}\pi_w$ 来最大化其收益，得到 OTA 顾客的折扣房价为

$$p_y = \frac{p_x + p_0}{2} \tag{5.11}$$

根据公式（5.2），得到 OTA 顾客的数量为

$$y = \frac{p_x - p_0}{2p_x}N \tag{5.12}$$

通过观察 OTA 对 p_y 的反应，酒店通过解决最优化问题 $\max\limits_{p_0}\pi_h$ 来最大化其收益，并确定 OTA 的最优批发房价如下：

$$p_0^* = \left(1 - \frac{2t}{8a + N}\right)p_x \tag{5.13}$$

将上述公式代入公式（5.11）和公式（5.12），分别获得 OTA 顾客的数量和 OTA 的最优折扣房价如下：

$$y^d = \frac{tN}{8a + N} \tag{5.14}$$

$$p_y^d = \frac{8a + N - t}{8a + N}p_x \tag{5.15}$$

将上述两个公式代入公式（5.9）和公式（5.10）中，得到 OTA 和酒店在非集中式情形下的收益为

$$\pi_w^d = (p_y - p_0)y = \frac{t^2 N p_x}{(8a + N)^2} \tag{5.16}$$

$$\pi_h^d = p_0 y + p_x(C - y) - \frac{p_x}{4a}(y - t)^2 = Cp_x - \frac{2t^2 p_x}{8a + N} \tag{5.17}$$

最后，得到 OTA 和酒店的总收益为

$$\Pi^d = \pi_h^d + \pi_w^d = Cp_x - \frac{2t^2 p_x}{8a + N} + \frac{t^2 N p_x}{(8a + N)^2} \tag{5.18}$$

命题 5.2 （1）$\pi_0 < \Pi^d$；（2）$0 < p_0^* < p_y^d < p_x$。

这个命题表明酒店、OTA 及其顾客都从合作中受益。酒店通过提高入住率来增加收益；OTA 从酒店提供的批发房价和给 OTA 顾客的折扣房价之间的差价中获得收益；OTA 顾客以低于酒店标准房价的价格入住酒店。

命题 5.2 的证明见本章附录。

5.3.2　灵敏度分析

本小节讨论参数对酒店和 OTA 决策的影响。

命题 5.3　p_0^*、p_y^d、π_h^d 和 Π 随着 μ 的增加而增加，而 π_w^d 随着 μ 的增加而减少。

命题 5.3 说明最优批发房价、OTA 的折扣房价、酒店收益、酒店和 OTA 的总收益随着酒店散客的期望数量增加而增加。酒店通过容纳更多的散客来提高收益，因为他们比 OTA 顾客支付更高的房价。从公式（5.11）可知，OTA 顾客的折扣房价随着批发房价的增加而增加。考虑到酒店客房的容量有限，且 OTA 顾客具有入住优先权，酒店将提高给 OTA 的批发房价以抑制 OTA 访客的需求。这样，OTA 收益减少，而酒店通过容纳更多的散客来提高其收益。

命题 5.4　（1）当 $N > 8(C-\mu)$ 时，p_0^* 和 p_y^d 随着 a 的增加而减少；否则，p_0^* 和 p_y^d 随着 a 的增加而减少。（2）π_h^d 和 Π^d 随着 a 的增加而减少。（3）当 $N > 8(C-\mu)$ 时，π_w^d 随着 a 的增加而增加。

参数 a 增加说明酒店散客数量波动范围变大，散客不稳定性增加。当 $N > 8(C-\mu)$ 时，说明 OTA 访客体量较大。在这种情况下，为了提高入住率，酒店降低批发房价以刺激 OTA 访客的需求。因此，OTA 的收益增加。酒店降低批发房价时，OTA 相应降低给顾客的折扣房价。而酒店收益和供应链的总收益与 a 呈负相关，随着酒店散客的期望数量增加而减少。

命题 5.4 的证明见本章附录。

命题 5.5 （1）p_0^*、p_y^d、π_h^d 和 $\varPi^d$ 随着 N 的增加而增加；（2）当 $N < 8a$ 时，π_w^d 随着 N 的增加而增加，否则随着 N 的增加而减少。

当住宿需求非常高时，OTA 顾客愿意以高房价预订酒店客房。酒店提高给 OTA 的批发房价，相应地 OTA 提高给顾客的折扣房价，因此，它们的收益都增加。然而，当 N 大于阈值 $8a$ 时，因为酒店大幅度提高批发房价，OTA 收益将减少。因此，面对高住宿需求的散客，OTA 可以选择与多家酒店合作来提高其收益。在实践中，N 的值取决于 OTA 和酒店的声誉、人气和努力。

命题 5.5 的证明见本章附录。

命题 5.6 p_0^* 和 p_y^d 随着 C 的增加而减少，而 π_h^d、π_w^d 和 $\varPi^d$ 随着 C 的增加而增加。

给定散客的数量，酒店的空置率随着其容量 C 的增加而增加。为了降低空置率并提高其收益，酒店向 OTA 提供更低的批发房价 p_0^*，以吸引更多的 OTA 访客预订客房。这导致酒店、OTA 和供应链的总收益增加。

命题 5.6 的证明见本章末附录。

命题 5.7 p_0^*、p_y^d、π_h^d、π_w^d 和 $\varPi^d$ 随着标准房价 p_x 的增加而增加。

命题 5.7 说明最优批发房价、OTA 的折扣房价酒店收益、OTA 收益和供应链的总收益随着标准房价的增加而增加。因为高房价通常意味着优质的酒店设施和舒适的服务，因此，酒店可以通过完善其服务和设施来增加收益，而 OTA 可以通过与高级酒店合作来增加收益。

酒店与 OTA 合作后供应链增加的收益为：

$$\Delta\pi = \varPi^d - \pi_0 = \frac{t^2 N P_x}{(8a+N)^2} + \frac{t^2 P_x}{4a} - \frac{2t^2 P_x}{8a+N} \qquad (5.19)$$

命题 5.8 与酒店合作后，OTA 增加的收益占供应链增加的收益的比例随着 a 的增加而增加，随着 N 的增加而减少。

随着需求不确定性的增加，酒店从散客获得的收益减少，而从 OTA 顾客获得的收益增加。因此，与酒店合作后 OTA 增加的收益占比随着 a 的增加而增加。从命题 5.5 可知，最优批发房价 p_0^* 和酒店收益 π_h^d 随着 N 的增加而增加。这表明与酒店合作后 OTA 增加的收益占比随着 N 的增加而减少。

命题 5.8 的证明见本章附录。

5.4　全渠道供应链协调

集中式情形下，酒店与 OTA 形成一个整体，因此集中式情形下收益大于非集中式情形。本节设计了一个供应链协调策略，使非集中式情形下的总收益与集中式情形下的总收益一致。

命题 5.9　$p_y^d > p_y^c$，$y^d < y^c$。

命题 5.9 表明，OTA 顾客的折扣房价在非集中式情形下比在集中式情形下高，并且非集中式情形下 OTA 顾客的数量比集中式情形少。这种现象是由双重边际化效应引起的，将在 5.4 节讨论。根据公式（5.6）、公式（5.7）、公式（5.14）和公式（5.15），命题 5.9 显然成立。

命题 5.10　$\Pi^c > \Pi^d$。

命题 5.10 表明集中式情形下总收益高于非集中式情形。两种情形下总收益的差异是由双重边际化造成的。在集中式情形下，OTA 顾客的最优折扣房价为 p_0^*，OTA 顾客的数量为 $Q^c = \dfrac{p_x - p_0^*}{p_x} N$。如图 5.1 所示，OTA 的收益为矩形 A 和 C 的面积之和。在非集中式情形下，如果 OTA 的批发房价为 p_0^*，则 OTA 顾客的折扣房价为 $p_y^d = \dfrac{p_x + p_0^*}{2}$，其需求数量为 $Q^d = \dfrac{p_x - p_0^*}{2p_x} N$，对应的收益为图 5.1 中矩形 A 和 B 的面积之和。显然，矩形 B 的面积小于矩形 C 的面积（因为 $Q^c = 2Q^d$），这表明在集中式情形中，酒店和网站从 OTA 顾客获得的收益高于非集中式情形。

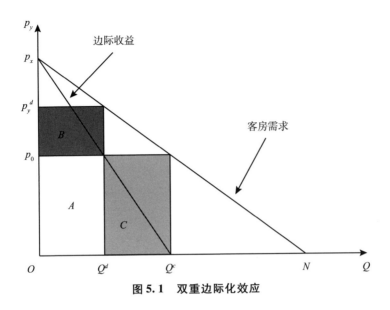

图 5.1 双重边际化效应

命题 5.10 的证明见本章附录。

协调策略通过提供经济激励影响买家的购买行为，它们被广泛应用于制造业和服务业的全渠道协调。本章采用收益共享策略来实现全渠道供应链协调。根据这一策略，设酒店共享总收益的比例为 β。因此，酒店和 OTA 的收益分别为

$$\pi_h = \beta \Pi$$

$$\pi_w = (1 - \beta) \Pi$$

酒店通过解决最优化问题 $\max_{p_0} \pi_h$ 来确定 p_0：

$$p_0 = \beta p_y + (1 - \beta) \left[\frac{(t - y)^2}{4ay} - \frac{C - y}{y} \right] P_x \qquad (5.20)$$

根据公式（5.2）和公式（5.3），p_0 确定为

$$p_0 = \left[\beta \frac{N - y}{N} + \frac{(1 - \beta)(t - y)^2}{4ay} - (1 - \beta) \frac{C - y}{y} \right] P_x \qquad (5.21)$$

OTA 通过解决最优化问题 $\max_{p_y} \pi_w$ 来最大化其收益，得到 p_y 为

$$p_y = \left(1 - \frac{t}{4a + N} \right) p_x = p_y^c$$

命题 5.11 在收益共享策略下实现了全渠道供应链协调。

酒店和 OTA 只有在确保它们的收益都得到提高时才会接受并实施这一协调策略，即，$\beta \Pi > \pi_h^d$ 且 $(1-\beta)\Pi > \pi_w^d$。因此，β 值应该满足以下条件：

$$\frac{(8aC + NC - 2t^2)(4a + N)}{(4aC + NC - t^2)(8a + N)} < \beta < 1 - \frac{Nt^2(4a + N)}{(4aC + NC - t^2)(8a + N)^2}$$

β 是一个收益共享因子，它在（0，1）范围内变动。因此，收益共享策略可实现全渠道供应链协调。

5.5　OTA 与多家酒店合作的情形

在现实生活中，OTA 通常与多家酒店进行合作。为了更贴近现实，本节讨论了 OTA 与 M 家同质酒店的合作问题。酒店 i 的标准房价是 p_{xi}，它的散客数量为 $x_i = \mu_i + \varepsilon_i$，其中 μ_i 是常数，ε_i 服从在 $[-a_i, a_i]$ 内的均匀分布，$i = 1, 2, \cdots, M$。M 家酒店为 OTA 提供的批发房价为 $\mathbf{P}_0 = (p_{01}, \cdots, p_{0i}, \cdots, p_{0M})$，OTA 上 M 家酒店的折扣房价为 $\mathbf{P}_y = (p_{y1}, \cdots, p_{yi}, \cdots, p_{yM})$。$N$ 位顾客通过 OTA 预订酒店客房，其中，有 N_i 位顾客选择酒店 i 的客房，且 N_i 为

$$N_i = \frac{N}{p_{yi} \sum_{j=1}^{M} \frac{1}{p_{yj}}} \tag{5.22}$$

命题 5.12 N_i 随着 p_{yi} 的增加而减少，且 $\sum_{i=1}^{M} N_i = N$，$i = 1, 2, \cdots, M$。

命题 5.12 表明，酒店 i 可以通过降低折扣房价来吸引更多的 OTA 顾客。

命题 5.12 的证明见本章附录。

由公式（5.2）和公式（5.22）可知，在 OTA 上预订酒店 i 的客房的

顾客数量为

$$y_i = \frac{N\left(1 - \dfrac{p_{yi}}{p_{xi}}\right)}{p_{yi}\sum\limits_{j=1}^{M}\dfrac{1}{p_{yj}}} \tag{5.23}$$

类似于本章 5.4 节，OTA 和酒店 i 的收益分别为

$$\Pi_w = \sum_{i=1}^{M}(p_{yi} - p_{0i})y_i \tag{5.24}$$

$$\pi_{hi} = p_{0i}y_i + p_{xi}(C_i - y_i) - \frac{p_{xi}}{4a_i}(y_i - t_i)^2 \tag{5.25}$$

其中，$t_i = C_i - \mu_i + a_i$。

命题 5.13 在 OTA 与 M 家酒店合作的问题中，存在均衡 $(\mathbf{P}_0^*, \mathbf{P}_y^*)$，其中 $\mathbf{P}_0^* = (p_{01}^*, \cdots, p_{0i}^*, \cdots, p_{0M}^*)$，$\mathbf{P}_y^* = (p_{y1}^*, \cdots, p_{yi}^*, \cdots, p_{yM}^*)$，$p_{yi}^* = \dfrac{\sqrt{\xi_i(\xi_i p_{xi} p_{0i}^* + p_{xi} + p_{0i}^*) + 1} - 1}{\xi_i}$，$\xi_i = \sum\limits_{j \neq i}\dfrac{1}{p_{yj}^*}$，$i = 1, \cdots, M$。

由命题 5.13 可知，OTA 可以与多家同质酒店同时达成合作协议。酒店 i 为 OTA 顾客提供的折扣房价随着它的标准房价、最优批发房价以及其他酒店的折扣房价的增加而减少。

命题 5.13 的证明见本章附录。

5.6 本章小结

本章研究了中小型酒店和 OTA 合作时的最优定价策略，分析了标准房价等参数对酒店和 OTA 收益的影响，并设计了收益共享策略以实现全渠道协调。研究同时证明了一家 OTA 与多家酒店合作的均衡存在。本章提出了如下管理启示：第一，中小型酒店与 OTA 的合作是双赢的。第二，OTA 通过与高级酒店或入住率低的酒店合作获得更多收益。第三，对于 OTA 来

说，与尽可能多的酒店合作是一个明智的选择。第四，OTA 顾客的住宿优先权导致 OTA 的批发房价较高。第五，面对散客需求不确定性高的酒店，与 OTA 合作产生的收益较低。第六，酒店与 OTA 之间的合作可以在收益共享策略下实现全渠道协调。第七，当一家 OTA 上列出了多家酒店时，OTA 顾客的折扣房价是正相关的。

本章探讨了中小型酒店与 OTA 合作中的定价策略和渠道协调策略。然而，未来研究仍有一些问题需要解决，例如：考虑酒店不同类型的客房，酒店客房为 OTA 顾客和散客预留是基于先到先服务的原则，酒店与多家 OTA 合作，酒店与 OTA 的合作是在信息不对称的情况下进行的，等等。

本 章 附 录

命题 5.1 的证明

x_{h1} 可以写成

$$
\begin{aligned}
x_{h1} &= \int_{\mu-a}^{C} xf(x)\,\mathrm{d}x + \int_{C}^{\mu+a} Cf(x)\,\mathrm{d}x \\
&= \int_{\mu-a}^{C} \frac{x}{2a}\mathrm{d}x + \frac{C}{2a}\int_{C}^{\mu+a}\mathrm{d}x \\
&= \frac{1}{2a}\left(\frac{x^2}{2}\right)_{\mu-a}^{C} + \frac{C}{2a}(\mu + a - C) \\
&= \frac{1}{4a}\left[-a^2 + 2(\mu + C)a - (C - \mu)^2\right] \quad\quad\quad (\mathrm{A1})
\end{aligned}
$$

x_{h1} 对 a 的一阶导数为

$$
\frac{\partial x_{h1}}{\partial a} = \frac{\left[-2a + 2(\mu + C)\right]4a - 4\left[-a^2 + 2(\mu + C)a - (C-\mu)^2\right]}{16a^2}
$$

$$= \frac{-a^2 + (C - \mu)^2}{4a^2} \tag{A2}$$

根据假设（5.3），即 $\mu + a > C$，可知 $\frac{\partial x_{h1}}{\partial a} < 0$，即 x_{h1} 随着 a 的增加而减少。

证毕。

命题 5.2 的证明

（1）酒店不与 OTA 合作的情况下，OTA 的收益为零，酒店的收益为

$$\pi_0 = p_x x_{h1} = p_x \left[\int_{\mu-a}^{C} x f(x) \, \mathrm{d}x + \int_{C}^{\mu+a} C f(x) \, \mathrm{d}x \right]$$

$$= p_x \left[\frac{1}{2a} \left(\frac{x^2}{2} \right)_{\mu-a}^{C} + \frac{C}{2a} (x)_{C}^{\mu+a} \right]$$

$$= p_x \left[\frac{1}{4a} (C^2 - \mu^2 - a^2) + \frac{C}{2a} (\mu + a - C) \right]$$

$$= \frac{p_x}{4a} (4aC - a^2 - C^2 - \mu^2 - 2aC + 2\mu a + 2\mu C)$$

$$= C p_x - \frac{p_x}{4a} (a^2 + C^2 + \mu^2 + 2aC - 2\mu a - 2\mu C)$$

$$= C p_x - \frac{p_x}{4a} (C - \mu + a)^2$$

$$= C p_x - \frac{t^2 p_x}{4a} \tag{B1}$$

在合作的情况下，供应链的收益为

$$\Pi^d = \pi_h^d + \pi_w^d = C p_x - \frac{2t^2 p_x}{8a + N} + \frac{t^2 N p_x}{(8a + N)^2} \tag{B2}$$

对比公式（B1）和（B2），可知 $\Pi^d > \pi_0$。

（2）由于

$$p_0^* = \frac{8a + N - 2t}{8a + N} p_x, \quad p_y^d = \frac{8a + N - t}{8a + N} p_x$$

根据 t 的定义和假设（5.3）可知，$t>0$。因此，有 $0<p_0^*<p_y^d<p_x$。证毕。

命题 5.4 的证明

（1）p_0^* 的表达式如下：

$$p_0^* = \frac{8a+N-2t}{8a+N}p_x = \frac{6a+N-2C+2\mu}{8a+N}p_x = \left[1-\frac{2(C-\mu+a)}{8a+N}\right]p_x \quad （C1）$$

p_0^* 对 a 的一阶导数为

$$\frac{\partial p_0^*}{\partial a} = \frac{-2N+16(C-\mu)}{(8a+N)^2}p_x$$

从该表达式可以看出，当 $N>8(C-\mu)$ 时，$\frac{\partial p_0^*}{\partial a}<0$，$p_0^*$ 随着 a 的增加而减少；否则，随着 a 的增加而增加。

$$p_y^d = \frac{8a+N-t}{8a+N}p_x = \left(1-\frac{C-\mu+a}{8a+N}\right)p_x \quad （C2）$$

可得

$$\frac{\partial p_y^d}{\partial a} = -\left(\frac{8a+N-8(C-\mu+a)}{(8a+N)^2}\right)p_x = -\left(\frac{N-8(C-\mu)}{(8a+N)^2}\right)p_x$$

当 $N>8(C-\mu)$ 时，$\frac{\partial p_y^d}{\partial a}<0$。因此，$p_y^d$ 随着 a 的增加而减少。

（2）根据公式（5.17）可知：

$$\pi_h^d = Cp_x - \frac{2t^2p_x}{8a+N} = \left[C-\frac{2(C-\mu+a)^2}{8a+N}\right]p_x = \left[C-\frac{2[\mu-(C+a)]^2}{8a+N}\right]p_x$$

$$（C3）$$

π_h^d 对 a 的一阶导数为

$$\frac{\partial \pi_h^d}{\partial a} = -\frac{4(C-\mu+a)(8a+N)-16(C-\mu+a)^2}{(8a+N)^2}p_x$$

$$= \frac{(C-\mu+a)p_x}{(8a+N)^2}[16(C-\mu-a)-4N]$$

根据假设（5.3），可知 $16(C-\mu-a)-4N>0$。因此，$\dfrac{\partial \pi_h^d}{\partial a}<0$，即 π_h^d 随着 a 的增加而减少。

π_w^d 对 a 的一阶导数为

$$\frac{\partial \pi_w^d}{\partial a}=\frac{2(C-\mu+a)(8a+N)^2-(C-\mu+a)^2 16(8a+N)}{(8a+N)^4}Np_x$$

$$=\frac{2(C-\mu+a)Np_x(8a+N)}{(8a+N)^4}[N-8(C-\mu)]$$

因此，当 $N<8(C-\mu)$ 时，$\dfrac{\partial \pi_w^d}{\partial a}<0$，即 π_w^d 随着 a 的增加而减少；否则，随着 a 的增加而增加。

$$\Pi^d=Cp_x-\frac{2t^2 p_x}{8a+N}+\frac{t^2 Np_x}{(8a+N)^2}=\left[C-\frac{(16a+N)(C-\mu+a)^2}{(8a+N)^2}\right]p_x$$

$$(C4)$$

Π^d 对 a 的一阶导数为

$$\frac{\partial \Pi^d}{\partial a}=-\frac{2(C-\mu+a)Np_x}{(8a+N)^3}\{[8(C-\mu+a)+16a+N](8a+N)-8(16a+N)\}$$

$$=-\frac{2(C-\mu+a)Np_x}{(8a+N)^3}[(8a+N)(16a+N)-32a(C-\mu+a)]$$

$$=-\frac{2(C-\mu+a)Np_x}{(8a+N)^3}[96a^2+24aN+N^2-32a(C-\mu)]$$

根据假设（5.3），可知 $32a(C-\mu)<32a^2$，得到

$$96a^2+24aN+N^2-32a(C-\mu)>0$$

因此，$\dfrac{\partial \Pi^d}{\partial a}<0$，即 Π^d 随着 a 的增加而减少。

证毕。

命题 5.5 的证明

根据公式（C1）、公式（C2）和公式（C3），可知 p_0^*、p_y^d 和 π_h^d 随着

N 的增加而增加。

由公式（C4）知 Π^d 对 N 的一阶导数为

$$\frac{\partial \Pi^d}{\partial N} = -\frac{(C-\mu+a)^2(8a+N)^2 - (16a+N)(C-\mu+a)^2 2(8a+N)}{(8a+N)^4}p_x$$

$$= \frac{(C-\mu+a)^2(24a+N)}{(8a+N)^3}p_x > 0$$

可知 Π^d 随着 N 的增加而增加。

π_w^d 对 N 的一阶导数为

$$\frac{\partial \pi_w^d}{\partial N} = \frac{(C-\mu+a)^2(8a+N)^2 - N(C-\mu+a)^2 2(8a+N)}{(8a+N)^4}p_x$$

$$= \frac{(C-\mu+a)^2 p_x}{(8a+N)^3}(8a-N)$$

当 $N<8a$ 时，$\frac{\partial \pi_w^d}{\partial N}>0$，即 π_w^d 随着 N 的增加而增加；否则随着 N 的增加而减少。

证毕。

命题 5.6 的证明

根据公式（C1）、公式（C2）和公式（5.16）可知，p_0^* 和 p_y^d 随着 C 的增加而减少，而 π_w^d 随着 C 的增加而增加。

$$\pi_h^d = Cp_x - \frac{2t^2 p_x}{8a+N} = \frac{8aC+NC-2(C-\mu+a)^2}{8a+N}p_x$$

$$= \frac{p_x}{8a+N}[8aC+NC-2C^2-2(\mu-a)^2+4C(\mu-a)]$$

$$= \frac{p_x}{8a+N}[-2C^2+(4a+4\mu+N)C-2(\mu-a)^2]$$

π_h^d 对 C 的一阶导数为

$$\frac{\partial \pi_h^d}{\partial C} = \frac{p_x}{8a+N}(-4C+4a+4\mu+N)$$

根据假设（5.3），即 $C < \mu + a$，可知 π_h^d 随着 C 的增加而增加。

同理可得，Π^d 随着 C 的增加而增加。

证毕。

命题 5.8 的证明

酒店与 OTA 合作后整个供应链增加的收益为

$$\Delta\pi = \frac{t^2 N p_x}{(8a+N)^2} + \frac{t^2 p_x}{4a} - \frac{2t^2 p_x}{8a+N}$$

OTA 不与酒店合作时收益为 0，因此其与酒店合作后增加的收益为 π_w^d，即

$$\pi_w^d = \frac{t^2 N p_x}{(8a+N)^2}$$

因此，与酒店合作后，OTA 增加的收益占整个供应链的增加的收益比例 P_t 为

$$P_t = \frac{\dfrac{t^2 N p_x}{(8a+N)^2}}{\dfrac{t^2 N p_x}{(8a+N)^2} + \dfrac{t^2 p_x}{4a} - \dfrac{2t^2 p_x}{8a+N}} = \frac{4aN}{(8a+N)^2 - 64a^2 - 4aN}$$

该比例对 a 的一阶导数为

$$\frac{\partial P_t}{\partial a} = \frac{4N[(8a+N)^2 - 64a^2 - 4aN] - 4aN[16(8a+N) - 128a - 4N]}{[(8a+N)^2 - 64a^2 - 4aN]^2}$$

$$= \frac{4N^3}{[(8a+N)^2 - 64a^2 - 4aN]^2} > 0$$

因此，P_t 随着 a 的增加而增加。

同理，P_t 对 N 的一阶导数为

$$\frac{\partial P_t}{\partial N} = \frac{4a[(8a+N)^2 - 64a^2 - 4aN] - 4aN[2(8a+N) - 4a]}{[(8a+N)^2 - 64a^2 - 4aN]^2}$$

$$= \frac{-4aN^2}{[(8a+N)^2 - 64a^2 - 4aN]^2} < 0$$

因此，P_t 随着 N 的增加而减少。

证毕。

命题 5.10 的证明

根据公式（5.18），可得

$$\Pi^d = Cp_x - \frac{2t^2 p_x}{8a+N} + \frac{t^2 Np_x}{(8a+N)^2}$$

根据公式（5.8），可得

$$\Pi^c = Cp_x - \frac{t^2 p_x}{4a+N}$$

因此，有

$$\Pi^c - \Pi^d = Cp_x - \frac{t^2 p_x}{4a+N} - \left[Cp_x - \frac{2t^2 p_x}{8a+N} + \frac{t^2 Np_x}{(8a+N)^2} \right]$$

$$= \frac{2t^2 p_x}{8a+N} - \frac{t^2 p_x}{4a+N} - \frac{t^2 Np_x}{(8a+N)^2}$$

$$= \frac{2t^2 p_x (4a+N)(8a+N) - t^2 p_x (8a+N)^2 - t^2 Np_x (4a+N)}{(8a+N)^2 4a+N}$$

$$= \frac{4at^2 Np_x}{(8a+N)^2 4a+N} > 0$$

证毕。

命题 5.12 的证明

由公式（5.22）得到

$$N_i = \frac{N}{p_{yi} \sum\limits_{j=1}^{M} \frac{1}{p_{yj}}} = \frac{N}{p_{yi} \left(\sum\limits_{j=1; j \neq i}^{M} \frac{1}{p_{yj}} + \frac{1}{p_{yi}} \right)} = \frac{N}{1 + p_{yi} \sum\limits_{j=1; j \neq i}^{M} \frac{1}{p_{yj}}}$$

因此，N_i 随着 p_{yi} 的增加而减少。

$$\sum_{i=1}^{M} \frac{1}{p_{yi} \sum_{j=1}^{M} \frac{1}{p_{yj}}} = \sum_{i=1}^{M} \frac{\frac{1}{p_{yi}}}{\sum_{j=1}^{M} \frac{1}{p_{yj}}} = \frac{\sum_{i=1}^{M} \frac{1}{p_{yi}}}{\sum_{j=1}^{M} \frac{1}{p_{yj}}} = 1$$

因此，$\sum_{i=1}^{M} N_i = N$。

证毕。

命题 5.13 的证明

给定客房批发价 p_{0i}，OTA 通过解决优化问题 $\max\limits_{p_{yi}} \Pi_w$ 确定其提供给顾客的折扣房价，得到

$$p_{yi} = \frac{\sqrt{\xi_i(\xi_i p_{xi} p_{0i} + p_{xi} + p_{0i}) + 1} - 1}{\xi_i} \tag{I1}$$

其中，$\xi_i = \sum\limits_{j \neq i} \frac{1}{p_{yj}}$。

当 $p_{0i} < p_{yi}$ 时 OTA 选择与第 i 家酒店进行合作。根据公式（I1）得到

$$p_{yi} - p_{0i} = \frac{\sqrt{\xi_i(\xi_i p_{xi} p_{0i} + p_{xi} + p_{0i}) + 1} - 1 - \xi_i p_{0i}}{\xi_i}$$

其中，

$$\xi_i(\xi_i p_{xi} p_{0i} + p_{xi} + p_{0i}) + 1 - (1 - \xi_i p_{0i})^2$$
$$= \xi_i(\xi_i p_{xi} p_{0i} + p_{xi} + p_{0i}) - \xi_i^2 p_{0i}^2 + 2\xi_i p_{0i}$$
$$= \xi_i(\xi_i p_{xi} p_{0i} - \xi_i p_{0i}^2 + p_{xi} - p_{0i})$$
$$= \xi_i(\xi_i p_{0i}(p_{xi} - p_{0i}) + p_{xi} - p_{0i})$$
$$= \xi_i(p_{xi} - p_{0i})(\xi_i p_{0i} + 1)$$

根据该表达式，推出当 $p_{xi} > p_{0i}$ 且 $\xi_i > 0$ 时，有 $p_{yi} > p_{0i}$。

通过 OTA 预订酒店 i 的客房的顾客数量为

$$y_i = \frac{p_x \xi_i - \sqrt{\xi_i(\xi_i p_{xi} p_{0i} + p_{xi} + p_{0i}) + 1} + 1}{p_x \xi_i \sqrt{\xi_i(\xi_i p_{xi} p_{0i} + p_{xi} + p_{0i}) + 1}} N \qquad （I2）$$

在已知 OTA 的反应 y_i 后，酒店 i 通过解决优化问题 $\max\limits_{p_{0i}} \pi_h$ 确定 p_{0i}，π_{hi} 对 p_{0i} 的一阶导数为

$$\frac{\partial \pi_{hi}}{\partial p_{0i}} = p_{0i} - (p_{xi} - p_{0i}) y_i' - \frac{p_{xi}}{2a_i}(y_i - t_i) y_i' \qquad （I3）$$

其中，$y_i' = \dfrac{\partial y_i}{\partial p_{0i}} = \dfrac{-(p_x \xi_i + 1)^2 N}{2p_x [\sqrt{\xi_i(\xi_i p_{xi} p_{0i} + p_{xi} + p_{0i}) + 1}]^3}$。

根据公式（I1）、公式（I2）和公式（I3）可知，当 $p_{0i} = 0$ 时，$\dfrac{\partial \pi_{hi}}{\partial p_{0i}} > 0$；当 $p_{0i} = p_{xi}$ 时，$\dfrac{\partial \pi_{hi}}{\partial p_{0i}} < 0$。因此，当 $0 < p_{0i} < p_{xi}$ 时，酒店 i 的收益最大，其中 $i = 1, \cdots, M$。

证毕。

第 6 章

酒店与合作 OTA 的最优定价策略研究[*]

本章研究酒店与长期合作的 OTA 之间的定价问题。通过构建定价模型，本章证明合作对酒店和 OTA 都有益，推导出了酒店的最优定价策略，并分析了酒店客房容量、标准房价、变动成本、散客数量和 OTA 顾客数量对 OTA 房价和酒店收入的影响，并提出相关管理启示。

6.1 引　　言

由于经济的发展和旅行的便利，酒店在商业、旅游、学术交流等方面扮演着越来越重要的角色。合作对所有相关方都有利，并且在现代商业活动中非常普遍。酒店行业也不例外，酒店逐渐认识到合作的重要性，酒店和 OTA 意识到合作比竞争更有优势。此外，电子商务的发展为这种合作提供了广阔的空间。

酒店与其他网站或 OTA 的合作在实践中非常普遍。老羊毛店公寓酒店

---

　　[*] 本章内容基于以下论文改编和拓展：Ling，L．，Guo，X．，& Liang，L. (2009). Optimal pricing strategy of hotel for cooperative travel agency. In 2009 International Conference on Computational Intelligence and Software Engineering（pp. 1 – 5）. IEEE。

（Old Woolstore Apartment Hotel，网址：http：//www. oldwoolstore. com. au/）建立了一个特殊网站，以寻找其他公司和 OTA 等合作伙伴，并以极具竞争力的合作价格满足他们的业务需求。优思明酒店（Hotel Yasmin，网址：ht-tp：//www. hotelyasmin. cz/）与航空公司等建立了合作关系。施泰根博阁酒店集团（Steigenberger Hotel Group，网址：http：//www. steigenbergerhotel-group. com/）也是酒店与 OTA 合作的典型例子。森林酒店（网址：ht-tp：//www. foresthotel. se/）通过与 OTA、预订系统等合作，为顾客提供了便捷的服务。通过与多家酒店和 OTA 建立合作关系，Stay Poland（网址：http：//www. staypoland. com/）为顾客提供了便捷的旅行预订系统和旅行服务。美国亚洲 OTA（America Asia Travel Center, Inc.，网址：http：//www. americaasia. com/）与美国酒店紧密合作，从中获得了较低的房价。此外，Windmills Travel & Tourism（网址：http：//www. windmillstravel. com/）、Re-al Travel（网址：http：//realtravel. com）、携程、艺龙等也与酒店建立了广泛而紧密的合作关系。

酒店与 OTA 合作的成功在于它对双方都有利，即酒店提高入住率并优化收入，OTA 获得较低的房价和便捷的服务。因此，定价不仅是酒店用来管理收入的关键战略工具，也是建立和加强合作的重要手段。

在实践中，合作 OTA 向顾客提供的房价非常低，有时甚至低于散客价格的一半。本章试图回答以下问题：①酒店为什么为 OTA 提供如此低的房价？②酒店对 OTA 的最佳定价策略是什么？③酒店客房容量、标准房价、变动成本、散客数量以及合作伙伴的顾客数量对 OTA 的房价和酒店收入有什么影响？

6. 2　酒店与 OTA 的合作问题阐述

为了给顾客提供便捷的服务和较低的房价，OTA 与酒店进行合作。如前面章节所述，由于 OTA 顾客具有优先入住权，酒店根据其需求预留给他们房间；如果无法满足所有 OTA 顾客的需求，酒店则将所有剩余房间预留给他们。酒店为 OTA 提供的折扣房价为 P_y，为散客提供的标准房价为 P_x。酒店客房的容量为 C，维持每间客房运营的变动成本为 β。

OTA 的顾客数量是 y，酒店的散客数量是 x。x 和 y 都服从泊松分布，它们的概率密度函数分别为 $f(x)$ 和 $g(y)$。泊松分布经常被用来模拟在特定的单位空间或时间内，某些现象随机发生的次数。例如，它可以用于描述电话接线员每分钟接到的电话数量、一匹布料上出现的瑕疵数量，或者一位秘书每页打印稿中的错别字数量。同样地，单位时间内到达的顾客数量也具有类似的特性，因此可以用泊松过程来描述（Baker & Collier, 2003）。$f(x)$ 和 $g(y)$ 的表达式如下：

$$f(x = k) = \frac{\lambda_1^k}{k!} e^{-\lambda_1} \tag{6.1}$$

$$g(y = k) = \frac{\lambda_2^k}{k!} e^{-\lambda_2} \tag{6.2}$$

其中，λ_1 和 λ_2 分别是 x 和 y 的期望值。

本章参数、决策变量和假设如表 6.1 所示。

表 6.1   **本章参数和决策变量**

项目	变量符号	变量内容
参数	C	酒店客房容量
	β	每间客房的变动成本
	λ_1	概率密度函数 $f(x)$ 的速率
	λ_2	概率密度函数 $g(y)$ 的速率
	x	酒店散客的数量
	y	OTA 的顾客数量
	P_x	散客的标准房价
决策变量	P_y	OTA 的折扣房价

本章基于以下假设探讨酒店与 OTA 合作的定价问题：

假设（6.1）：$P_x > \beta$ 且 $P_y > \beta$。

假设（6.2）：$\lambda_1 < C$ 且 $\lambda_2 < C$。

假设（6.3）：C 间客房是相同的，一间客房容纳一个顾客。

假设（6.4）：酒店优先接待来自 OTA 的顾客。

假设（6.5）：酒店与 OTA 之间的合作协议是长期的。

假设（6.1）表明房价高于变动成本；否则，酒店不会接待任何顾客。假设（6.2）说明酒店客房容量大于 OTA 顾客或酒店散客的期望数量；否则，在实践中，酒店将扩大容量以最大化收入。假设（6.3）是为了简化问题；没有它，酒店与 OTA 的合作仍旧可以按照本章提出的方案解决。OTA 与酒店合作是为了给顾客提供便捷的服务；因此，假设（6.4）符合现实。长期合作有助于巩固双方关系并降低交易成本，所以假设（6.5）是合理的。

6.3　酒店对 OTA 的最优定价策略

酒店与 OTA 合作的成功与否主要取决于房价。通过建立数学模型，本节确定了酒店与长期合作的 OTA 之间的最优定价策略。

不与 OTA 合作时，酒店每日的平均收入为

$$\pi_1 = \sum_{x=0}^{C} x(P_x - \beta)f(x) + C(P_x - \beta)\sum_{x=C+1}^{\infty} f(x) \tag{6.3}$$

与 OTA 合作后，酒店有两种顾客：来自 OTA 的顾客和散客。根据假设（6.4），酒店优先满足 OTA 顾客的需求。对酒店收入在以下两种情况下进行分析：

（1）当 OTA 顾客数量大于酒店客房容量时，即 $y > C$，酒店只能容纳 C 位顾客。此时酒店的期望收入如下：

$$\pi_{21} = C(P_y - \beta)\sum_{y=C+1}^{\infty} g(y) \tag{6.4}$$

（2）当 OTA 顾客数量 y 小于等于酒店客房容量 C 时，即 $y \leq C$，酒店

优先满足 OTA 顾客的需求，剩下的 $C - y$ 间客房用于接待酒店散客。此时 OTA 顾客带来的期望酒店收入如下：

$$\pi_{22} = \sum_{y=0}^{C} yg(y)(P_y - \beta) \tag{6.5}$$

此时，进一步分为两种情况。

其一，酒店客房容量 C 大于或等于来自 OTA 顾客和酒店散客的总数，即 $x + y \leqslant C$，则散客带来的期望酒店收入为

$$\pi_{23} = \sum_{y=0}^{C} g(y) \left[\sum_{x=0}^{C-y} xf(x)(P_x - \beta) \right] \tag{6.6}$$

其二，酒店客房容量 C 小于 OTA 顾客和酒店散客之和，即 $x + y > C$，酒店散客带来的期望收入为

$$\pi_{24} = \sum_{y=0}^{C} g(y) \left[(C - y) \sum_{x=C-y+1}^{\infty} f(x)(P_x - \beta) \right] \tag{6.7}$$

根据公式（6.4）、公式（6.5）、公式（6.6）和公式（6.7），得到酒店的期望收入如下：

$$\pi_2 = \pi_{21} + \pi_{22} + \pi_{23} + \pi_{24} \tag{6.8}$$

对比公式（6.3）和公式（6.8），可得酒店与 OTA 合作带来的额外收入为

$$\Delta = \pi_2 - \pi_1 = M(P_y - \beta) + N \tag{6.9}$$

其中，

$$M \triangleq \sum_{y=0}^{C} yg(y) + C \sum_{y=C+1}^{\infty} g(y) \tag{6.10}$$

$$N \triangleq T(P_x - \beta) \tag{6.11}$$

$$T \triangleq \sum_{y=0}^{C} g(y) \left[\sum_{x=0}^{C-y} xf(x) + (C - y) \sum_{x=C-y+1}^{\infty} f(x) \right] - \left[\sum_{x=0}^{C} xf(x) + C \sum_{x=C+1}^{\infty} f(x) \right] \tag{6.12}$$

M 是 OTA 顾客的期望数量；N 是由于与 OTA 合作后从散客处获得的期望收入差额；T 是酒店接待散客的期望数量差异。

引理（6.1） $M > 0$；**（6.2）** $T < 0$；**（6.3）** $N < 0$。

引理（6.1）表明 OTA 顾客的期望数量大于零，显然成立。由于酒店

优先满足 OTA 顾客的需求，酒店接待的散客数量减少，他们带来的收入也减少，正如引理（6.2）和引理（6.3）所述。根据假设（6.1）和引理（6.2），引理（6.3）存在。

OTA 与酒店合作的意愿与折扣率正相关。因此，定义合作概率 $H(\cdot)$ 为

$$H(P_y) = 1 - \frac{P_y}{P_x}, \ 0 \leqslant P_y \leqslant P_x \tag{6.13}$$

公式（6.13）表明：第一，如果酒店提供给 OTA 的批发房价和酒店标准房价相同，则 OTA 不与酒店合作；第二，如果酒店提供免费住宿，则 OTA 无疑会选择合作；第三，合作概率随着折扣率的增加而增加。

根据公式（6.9）和公式（6.13），得到酒店与 OTA 合作后带来的期望收入增幅为

$$\Delta^H = \Delta H(P_y) = \left(1 - \frac{P_y}{P_x}\right)\left[M(P_y - \beta) + N\right] \tag{6.14}$$

上述表达式表明 Δ^H 是 P_y 的函数，也就是说，OTA 折扣房价将影响酒店的期望收入增幅。

命题 6.1 Δ^H 存在最大值，且关于 P_y 的全局最优解存在。

命题 6.1 表明酒店可以通过向 OTA 提供适当的房价来最大化其收入。

对公式（6.14）求 P_y 的一阶导数，得到 P_y 的全局最优解（以下简称"最优房价"）：

$$P_y^* = \frac{MP_x + M\beta - N}{2M} \tag{6.15}$$

根据公式（6.9）和公式（6.15），得到合作给酒店带来的收入增幅最大值为（以下简称为"合作收入"）

$$\Delta^* = \frac{(MP_x - M\beta + N)^2}{4MP_x} \tag{6.16}$$

则合作后的最大总收入（以下简称总收入）为

$$\Pi = \Delta^* + \pi_1 \tag{6.17}$$

命题 6.2 ①$0 < P_y^* < P_x$；②$\Delta^* > 0$。

命题 6.2 表明合作对酒店和 OTA 都有益。换句话说，酒店提高了收入，OTA 获得了较低的房价。双赢是酒店与 OTA 合作的动机。

6.4 相关参数对最优房价和收入的影响

本节讨论标准房价、客房变动成本、散客数量、OTA 顾客数量和酒店客房容量对最优房价、合作收入和总收入的影响。为了更形象地反映这些影响，本节给出了相关数值模拟。数值模拟在 MATLAB® 7.1.0.246 中实现，参数设置为：$P_x = 300$，$\beta = 50$，$\lambda_1 = 50$，$\lambda_2 = 30$，$C = 100$。

命题 6.3 P_y^* 是关于 P_x 的增函数。

命题 6.3 表明，OTA 的最优房价随着酒店标准房价的提高而增加，如图 6.1 所示。图 6.2 和图 6.3 表明，随着标准房价的提高，合作收入和总收入也随之增加。这表明与普通酒店相比，高档酒店与 OTA 合作可以获得更多收入。

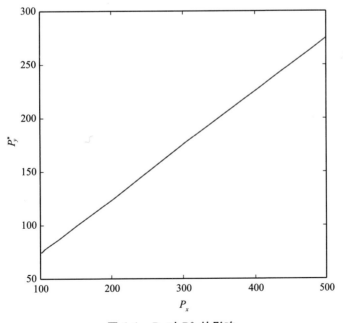

图 6.1 P_x 对 P_y^* 的影响

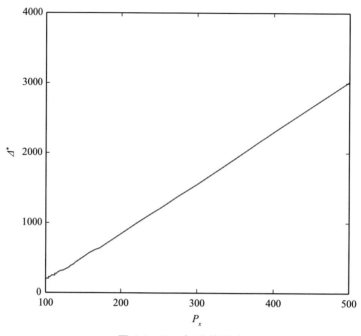

图 6.2 P_x 对 Δ^* 的影响

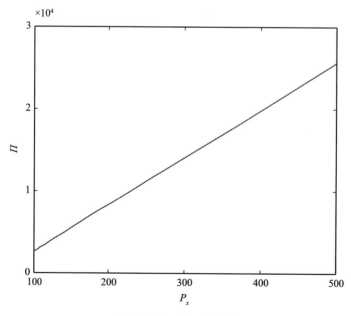

图 6.3 P_x 对 Π 的影响

命题 6.4 P_y^* 是关于 β 的增函数。

命题 6.4 表明，最优房价随着客房变动成本的提高而增加，如图 6.4 所示。高成本降低了 OTA 与酒店合作的可能性。因此，合作收入和总收入都减少，如图 6.5 和图 6.6 所示。这表明酒店应该提高管理水平，降低变动成本，从而提高与 OTA 合作的收入。

命题 6.5 P_y^* 是关于 λ_1 的增函数。

命题 6.5 表明，随着散客数量的增加，最优房价也随之增加，如图 6.7 所示。考虑到酒店客房容量有限，且 OTA 顾客具有住宿优先权，酒店可能需要拒绝部分散客以满足 OTA 顾客的需求。由于 OTA 顾客支付的房价更低，因此，散客越多，合作带来的损失越大。为了减少损失，酒店将提高 OTA 的最优房价。

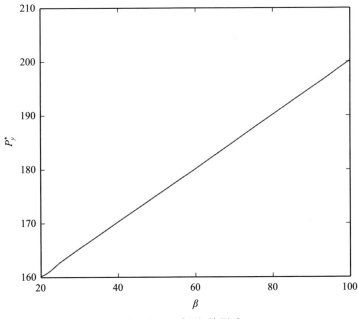

图 6.4 β 对 P_y^* 的影响

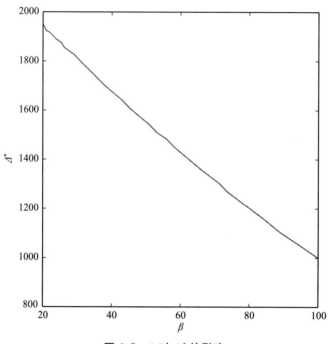

图 6.5 β 对 Δ^* 的影响

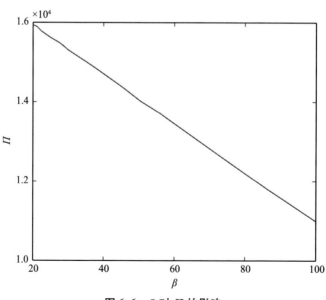

图 6.6 β 对 Π 的影响

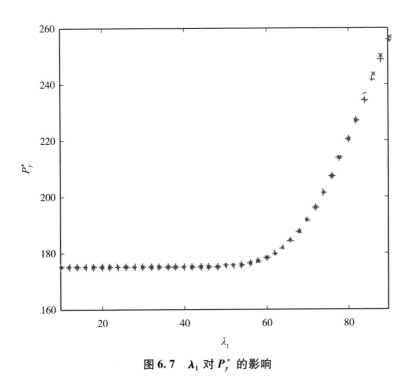

图 6.7 λ_1 对 P_y^* 的影响

结合图 6.7 和图 6.8，如果散客数量 λ_1 小于酒店客房容量的一半，最优房价较低，合作收入较高，因为此时与 OTA 合作能够降低酒店客房空置率。然而，散客数量超过一定阈值后，OTA 的最优房价大幅增加，合作收入急剧下降，因为许多散客的住宿需求被拒绝。因此，对于 OTA 来说，与入住率较低的酒店合作是明智的选择。图 6.9 显示，随着散客数量的增加，总收入也随之增加。

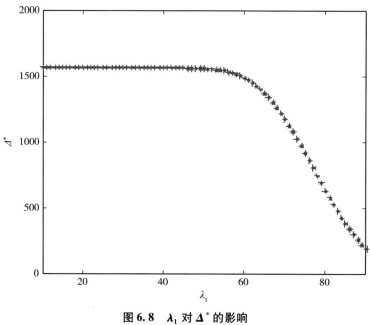

图 6.8　λ_1 对 Δ^* 的影响

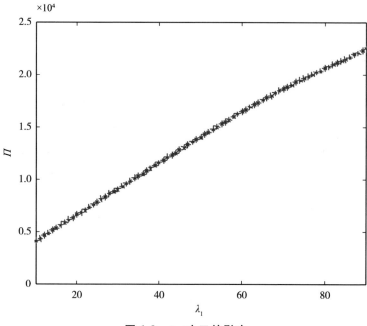

图 6.9　λ_1 对 Π 的影响

命题 6.6 P_y^* 是关于 λ_2 的增函数。

命题 6.6 表明，随着 OTA 顾客数量的增加，最优房价也随之增加，如图 6.10 所示。结合图 6.10 ~ 图 6.12，如果 OTA 顾客的数量小于 50，最优房价保持较低水平，合作收入和总收入增加，因为此时酒店的入住率提高了。然而，当 OTA 顾客数量超过一定阈值时，最优房价大幅增加，合作收入和总收入下降，因为酒店此时必须拒绝更多散客的住宿需求。因此，如果 OTA 顾客数量较大，与多家酒店合作是更好的选择。

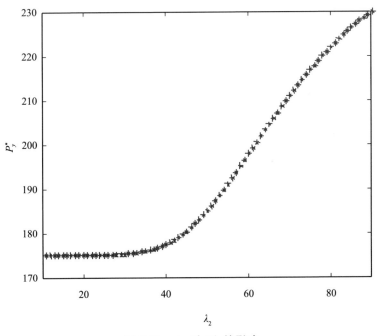

图 6.10 λ_2 对 P_y^* 的影响

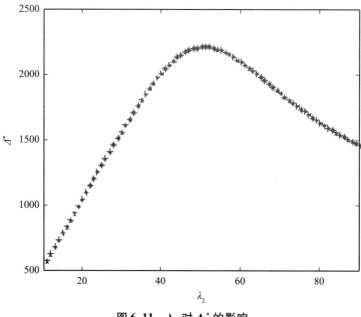

图 6.11　λ_2 对 Δ^* 的影响

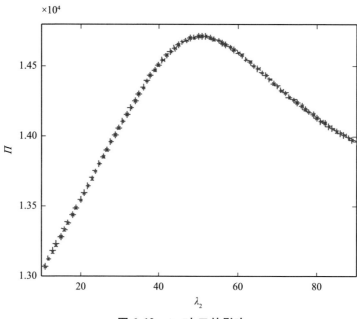

图 6.12　λ_2 对 Π 的影响

命题 6.7 P_y^* 是关于 C 的减函数。

命题 6.7 表明，随着酒店客房容量的增加，OTA 的最优房价降低。在散客数量固定的情况下，随着酒店客房容量的增加，客房空置率随之增加。为了降低空置率并提高收入，酒店以较低的最优房价鼓励 OTA 与之合作。

结合图 6.13 ~ 图 6.15，随着酒店客房容量的增加，最优房价降低，合作收入和总收入增加。这解释了为什么大型酒店可以为 OTA 提供低于其最低标准房价的折扣房价。当酒店客房容量大于散客和 OTA 顾客数量之和时，酒店能接待的顾客数量固定为 C，最优房价、最优收入和总收入都保持稳定。

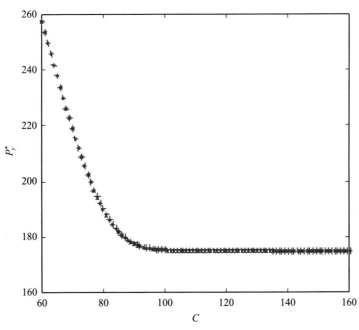

图 6.13 C 对 Π 的影响

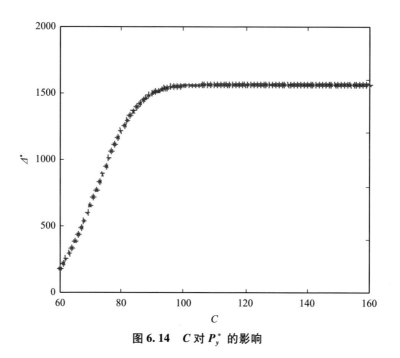

图 6.14 C 对 P_y^* 的影响

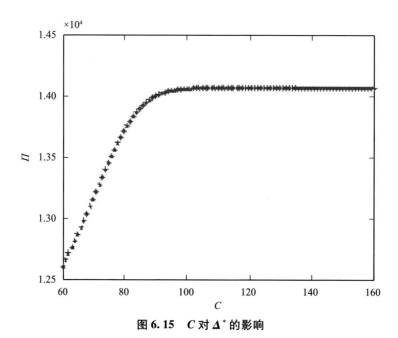

图 6.15 C 对 Δ^* 的影响

6.5 本章小结

通过前面的分析，本章提出以下管理启示：第一，酒店和 OTA 从它们的合作中受益；第二，客房可变成本较低的酒店与 OTA 合作能获得更多收入；第三，高档酒店从合作中获得更多收入；第四，OTA 与入住率低的酒店合作能获得更低的折扣房价；第五，如果 OTA 有大量顾客，与多家酒店合作是明智的选择；第六，由于住宿优先权，OTA 获得了较高的最优房价。

本章研究了酒店给长期合作 OTA 的最优定价策略，分析了酒店客房容量、标准房价、客房变动成本、散客数量以及 OTA 顾客数量对最优房价、合作收入和总收入的影响，并提出了一些管理启示。然而，未来研究还需要解决更多关于酒店与 OTA 合作的问题，例如：酒店有多种类型的房间，OTA 没有住宿优先权，酒店与多家 OTA 合作，OTA 与多家酒店合作，酒店与 OTA 的合作是在信息不对称的情况下进行的，等等。

第7章

OTA 基于不同取消政策的酒店
客房个性化定价研究

顾客晚取消和未出现（late cancellations and no-shows，LC&NS）会对酒店和 OTA 产生重大影响，导致巨额财务损失。本章在 OTA 与酒店合作的情况下，提出针对同质酒店客房的不同取消政策（即可取消和不可取消）的个性化定价策略，并确定了在何种情况下该策略能够增加其收入。本章建立酒店和 OTA 之间的斯坦伯格博弈模型，并确定最优的个性化价格。结果表明，由于房价和 OTA 的需求增加，这种个性化定价策略能够增加酒店的收入。然而，OTA 的收入改善仅限于酒店的散客需求保持稳定且处于较高水平的情况，并且渠道内和跨渠道的需求泄露效应显著。本章提供了一个新的视角来解决 LC&NS 问题，并丰富了有关个性化定价的文献。

7.1 背 景 描 述

由于顾客的晚取消和未出现（LC&NS），导致一些预订无法实现（Jang et al.，2019）。LC&NS 是酒店和航空公司等服务行业普遍存在的问题。例如，酒店业预订的总取消率为 8%，而在线取消率高达 17%（Falk & Vieru，2018）。一些顾客由于诸如时间冲突、突发疾病和恶劣天气等无法控制的原因而未能出现（Falk & Vieru，2018），也有人因为想以更理想的价格购买相同产品或服务而取消预订（Masiero et al.，2020；Talluri et al.，2004）。

LC&NS 使酒店失去了潜在的收入，给酒店带来了隐性成本，因为服务通常是易逝的（Sánchez et al.，2020；Yoon et al.，2012）。具体来说，LC&NS 使预订的服务（如酒店客房或机票）被占用，使服务提供商没有机会重新销售它们，这意味着机会成本的产生。因此，旅游和酒店业提出了各种应对 LC&NS 的策略，其中最有效的策略之一是服务取消政策（Chen，2016；Chen & Xie，2013；Yoon et al.，2012）。例如，谢和格斯特纳（Xie & Gerstner，2007）提出，服务提供商以不可取消或者部分退款的方式重复销售在预售期内被取消的服务/产品，从而通过多次销售获得盈利。郭（Guo，2009）将这一策略在竞争激烈的服务市场中进行了扩展。与现有研究不同，本书探讨了 OTA 根据不同取消政策（即可取消和不可取消）采用的个性化定价策略，并证明了这种定价策略能够增加 OTA 和酒店收入。这种个性化定价策略在实际中很常见。例如，中国最大的 OTA 之一——携程为某酒店的标准大床房同时提供可取消（限时取消）和不可取消的价格，不可取消价格（1111 元）需在预订时全额支付且一旦取消不可退款，限时取消价格（1166 元）则允许在一定时间范围内免费取消（通常是入住日期前 24 小时）。

个性化定价，亦被称为价格歧视或价格差异化（Tomczyk et al.，2022），其核心在于对完全相同或特性差异微小的同一商品，向不同消费者群体收取不同的价格（Phillips，2005）。这种策略可能引发一种现象，即高价位顾客转向低价位顾客市场，业界称之为需求泄露（Phillips，2005；Raza，2015；Raza et al.，2018）。值得注意的是，过往研究对服务行业中的需求泄露现象关注尚显不足。努里·达里安等（Noori-daryan et al.，2020）的研究着眼于线上与线下渠道间的需求泄露，深入探讨了顾客对价格变动的敏感度如何影响企业利润；而埃尔瓦基尔等（Elwakil et al.，2013）则针对美国和加拿大航空客运市场，评估了跨境需求泄露效应。本章研究则别出心裁，专注于分析 OTA 内部，从可取消客房细分市场到不可取消客房细分市场的需求泄露（即渠道内需求泄露），以及从酒店官方网站到 OTA 不可取消细分市场的需求泄露（即跨渠道需求泄露）方面进行研究。此外，本章还深入探讨了这些需求泄露现象如何影响企业的最优决策。

本章通过构建酒店与 OTA 之间的斯坦伯格博弈模型，确定了可取消和不可取消客房的最优个性化定价策略。随后，利用数值实例详细阐述了这些最优决策，并分析相关参数（如酒店散客的期望需求量和标准差、价格差异系数以及需求泄露比例）对最优决策的影响。研究结果显示，这种个性化的定价策略不仅显著提升了 OTA 的需求量，同时也为酒店带来了更高的收入。当酒店散客数量保持相对较高水平且稳定时，OTA 亦能从中获益。值得注意的是，当内部渠道和跨渠道的需求泄露效应达到一定阈值时，OTA 的收益同样会有所增长。

7.2 模型描述

本章构建了包含一家酒店和一个 OTA 的模型，以深入探讨相关问题。假设酒店拥有 C 间相同类型的客房供销售。为实现销售，酒店采用两种分销渠道：其品牌官方网站以及 OTA，如图 7.1 所示。酒店的品牌网站仅提供可取消价格的客房选项，通常允许顾客在特定日期前免费取消预订。然而，OTA 则采取了更为灵活的定价策略，即基于不同取消政策的定价选项，通过其网页提供可取消和不可取消两种价格选项的客房。具体来说，不可取消价格意味着一旦顾客确认了预订，将无法取消，若顾客未能在预订的到达日期抵达，将可能面临高达房价的罚款。在这种设置下，酒店确定可取消客房的房价 p_1，而 OTA 则确定不可取消客房的房价 p_2。通常，为了吸引顾客并鼓励提前预订, 不可取消价格会低于可取消价格, 即 $p_2 \leqslant p_1$。

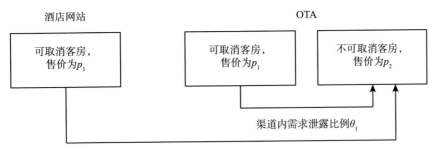

图 7.1 酒店客房的两种营销渠道

　　酒店和 OTA 采用委托代理模式进行合作, 即每售出一间客房, OTA 向酒店收取一定比例的佣金 ω, 通常这一比例在 5% ~ 30% 之间 (Ling et al. , 2015; Toh et al. , 2011b; Zhu et al. , 2023)。值得注意的是, 无论销售可取消客房还是不可取消客房, OTA 都将向酒店收取相同比例的佣金, 即可取消客房房价 p_1 的百分比。假设 $\omega = \eta p_1$, 其中佣金率 η 是固定的, 取决于酒店的议价能力。通常来说, OTA 会向五星级酒店收取 12% ~ 15% 的佣金。

　　假设直接从酒店网站预订客房的顾客 (散客) 的需求 x 是一个随机变量, 其范围在 $[\mu, \overline{\mu}]$ 内, 概率密度函数为 $f(x)$, 累积分布函数为 $F(x)$。散客需求的平均值为 μ, 标准差为 σ。

　　在学术研究中, 有着需求与价格呈现线性负相关的假设 (Guo et al. , 2016a; Zhu et al. , 2023)。根据这些文献, 本书假设 OTA 的需求与房价呈线性负相关, 酒店客房在 OTA 分销渠道上的市场份额为 α, 价格敏感系数为 β。本章引入差异化价格 v 这一有效市场划分工具, 将市场需求分割为两大部分, 即高价细分市场和低价细分市场 (Phillips, 2005; Raza, 2015; Raza et al. , 2018)。根据这一划分, 可取消客房的细分市场包括所有以价格 p_1 预订客房的顾客, 且 $p_1 \geqslant v \geqslant 0$。另一个细分市场是不可取消客房的顾客，他们以价格 p_2 预订，且 $v \geq p_2$。现在，我们进一步分析这两个市场的需求分配。对于可取消客房的细分市场，其最大需求为 $\alpha - \beta v$。因此，剩余的市场份额 βv 则分配给不可取消的客房市场。由此可知，可取消客房的需求为 $\alpha - \beta p_1$，不可取消客房的需求则为 $\beta v - \beta p_2$。根据拉扎等（Raza et al.，2018）的研究结果，差异化价格 v 等于较高的预订价格，即 $v = p_1$。因此，在这种情况下，可取消客房的需求为 $\alpha - \beta p_1$，不可取消客房的需求为 $\beta p_1 - \beta p_2$。

在个性化定价的市场策略下，部分原本打算预订高价客房的顾客可能会被较低价格的细分市场所吸引（Phillips，2005；Raza，2015；Raza et al.，2018）。例如，在确定酒店和规划行程后，顾客可能会从预订可取消客房转为不可取消客房，因为后者的价格更具优势。考虑到可取消客房市场的一部分顾客可能会流失到不可取消客房市场，将这种渠道内部需求泄露比例定义为 θ_1。渠道内部需求泄露与可取消客房和不可取消客房之间的价格差密切相关（Noori-daryan et al.，2020）。因此，我们设定如下公式：

$$\theta_1 = k(p_1 - p_2) \tag{7.1}$$

其中，$k > 0$ 是可取消客房和不可取消客房之间价格差异的敏感系数（Noori-daryan et al.，2020）。此外，由于不同分销渠道间的搜索成本和信息透明度存在差异（Boffa & Succurro，2012），部分顾客可能会从酒店的官方网站转向 OTA 来预订不可取消客房。这种跨渠道的需求泄露比例表示为 θ_2。由于跨渠道需求泄露主要是由渠道间的差异导致的，因此在本书中，我们假设 θ_2 是一个固定值，与可取消客房和不可取消客房之间的价格差无关。因此，OTA 的可取消和不可取消客房的需求分别为 $(1 - \theta_1)\alpha - \beta p_1$ 和 $\beta p_1 - \beta p_2 + \theta_1 \alpha + \theta_2 E(x)$。

由于 OTA 和酒店同时提供可取消客房的预订服务，OTA 需要投入一定的努力水平 e，以吸引更多顾客通过其平台预订这类客房（Guo et al.，2016b；Guo et al.，2014）。假设每增加一单位的努力，OTA 相应地会增加一单位的需求。然而，根据边际收益递减原则，随着努力水平的提高，

OTA 所需承担的成本也会以凸递增的方式增加。在成本管理的研究中，二次成本函数，即 $\frac{1}{2}e^2$，因其能准确反映成本变化的实际情况且不影响模型的核心见解，而被广泛使用（Ling et al.，2014a；Wu et al.，2022；Zhu et al.，2023）。因此，在考虑 OTA 的努力水平对需求的影响后，可取消客房的需求相应调整为

$$d_1 = (1 - \theta_1)\alpha - \beta p_1 + e$$

将公式（7.1）代入 d_1，得到

$$d_1 = \alpha - (k\alpha + \beta)p_1 + k\alpha p_2 + e \tag{7.2}$$

同时，部分预订了可取消客房的顾客有可能会更改或取消其原有预订。以往的研究者通常采用到达率来刻画顾客的取消行为，并给出了相应的概率密度函数和累积分布函数（Guo et al.，2016a；Kasilingam，1997；Popescu et al.，2006）。我们沿用这种方法，将 OTA 和酒店网站预订可取消客房的顾客的平均到达率分别设定为 ϕ 和 ζ。基于此，OTA 可实现的可取消客房需求的期望值为[①]：

$$D_1 = \phi d_1 \tag{7.3}$$

由于 $E(x) = \mu$，因此不可取消客房的期望需求为

$$D_2 = (k\alpha + \beta)(p_1 - p_2) + \theta_2 \mu \tag{7.4}$$

因此，OTA 的期望收入为

$$E[\pi_O(p_2, e)] = \omega D_1 + (\omega + p_2 - p_1)D_2 - \frac{1}{2}e^2 \tag{7.5}$$

鉴于酒店散客需求的随机性，入住日期的总客流量有可能会超出酒店的接待能力。为了确保与 OTA 之间的长期合作关系，通过 OTA 预订客房的

---

① 采用随机需求来描述市场需求的变化更贴近实际情况。例如，OTA 的可取消客房和不可取消客房的需求可以分别表示为 $\tilde{D}_1 = \phi d_1 + \varepsilon_1$ 和 $\tilde{D}_2 = (k\alpha + \beta)(p_1 - p_2) + \theta_2 \mu + \varepsilon_2$，其中 ε_1 和 ε_2 是随机变量，其变化范围在 $[\underline{\varepsilon}, \overline{\varepsilon}]$ 之间。假设它们的均值为 $\mu_1 = \mu_1 = 0$（也可以为其他值）。将它们代入 OTA 的期望收入方程式，即公式（7.6），可以发现结果保持不变。因此，为了分析的简便性，我们遵循相关研究（Guo et al.，2016a；Zhu et al.，2023）的做法，并为 OTA 设置确定性需求。

顾客在办理入住时，相较于酒店散客享有优先权（Lee et al., 2013a；Ling et al., 2014a）。因此，在考虑到 OTA 顾客优先入住的情况下，酒店为散客保留的可用容量为 $C - d_1 - D_2$。基于这一逻辑，酒店的期望收入可由以下公式表示：

$$E\left[\pi_h(p_1)\right] = (p_1 - \omega)(D_1 + D_2) + p_1 E\left[\min\{C - d_1 - D_2, (1 - \theta_2)\zeta x\}\right]$$

$$(7.6)$$

其中，第一部分代表酒店从 OTA 顾客那里获得的收入，而第二部分则代表通过酒店网站预订客房的散客所带来的期望收益。

7.3　决策分析

在酒店与 OTA 之间的斯坦伯格博弈中，酒店作为博弈的领导者，OTA 则作为跟随者进行行动（Von Stackelberg，2010）。这意味着，酒店在预见到 OTA 可能做出的决策后，通过最大化其期望收入来确定可取消客房的价格。随后，OTA 基于酒店的选择，来确定不可取消客房的房价以及市场推广的努力程度，从而最大化自身收入。因此，事件顺序描述如下：第一，酒店确定可取消客房的价格 p_1；第二，OTA 根据酒店设定的价格，确定不可取消客房的价格 p_2 和努力水平 e；第三，酒店和 OTA 接受客房预订；第四，酒店在入住日期为顾客提供住宿服务；第五，OTA 根据其销售的客房数量收取相应的佣金。

为了找到最优决策，我们可以采用反向归纳法。首先，分析 OTA 如何根据酒店设定的可取消价格来决定其不可取消价格和推广努力；其次，基于 OTA 可能的反应，酒店再做出最有利于自己的定价决策。

7.3.1　OTA 的决策

给定可取消客房的价格 p_1，OTA 的最优不可取消价格和努力水平可以

通过最大化其期望收入 $E[\pi_O]$ 来确定:

$$E[\pi_O(p_2, e)] = \omega D_1 + (\omega + p_2 - p_1) D_2 - \frac{1}{2} e^2$$

$$s.t. \; p_1 \geqslant p_2$$

其中, $\omega = \eta p_1$, $D_1 = \phi[\alpha - (k\alpha + \beta) p_1 + k\alpha p_2 + e]$ 且 $D_2 = (k\alpha + \beta)(p_1 - p_2) + \theta_2\mu$。

通过求解该最优化问题,得到 OTA 对酒店决策(即可取消价格)的最优反应。

命题 7.1 最优不可取消价格和努力水平分别为

$$p_2^* = \frac{\{(2 - \eta)\beta + [2 - \eta(1 - \phi)]k\alpha\} p_1 + \theta_2\mu}{2(k\alpha + \beta)} \tag{7.7}$$

$$e^* = \phi\eta p_1 \tag{7.8}$$

命题 7.1 证明见本章附录。

该命题表明 OTA 的决策受到酒店决策的高度影响。具体来说,不可取消价格和努力水平直接由需求泄露比例和酒店散客的期望数量决定。以下推论详细说明了它们如何受这些参数的影响。

推论 7.1 不可取消价格和 OTA 的努力水平随着可取消价格的增加而增加。

每当 OTA 成功售出一间不可取消的客房,其收益为 $\omega + p_2 - p_1 < \omega$。因此,为了缩小销售可取消客房与不可取消客房所获得的收入差距,OTA 有充分的动机去设定更高的不可取消客房价格。而且,随着可取消客房价格的上涨,OTA 也能从这类客房销售中获得更可观的收益。因此,当可取消客房的价格上涨时,OTA 有动力投入更多的资源和努力,以进一步增加其整体收入。

推论 7.2 不可取消客房的价格随着酒店散客的期望数量以及跨渠道需求泄露比例的增加而增加。

具体来说,从酒店的直接分销渠道转向不可取消客房市场端的潜在顾客数为 $\theta_2\mu$。因此,当散客的期望数量 μ 和跨渠道泄露比例 θ_2 增加时,不可取消客房市场端的潜在客源会变得更加丰富。为了弥补因实施个性化定价策略而可能带来的单位收入损失，OTA 会相应地提高不可取消客房的价格。

由于 p_2^* 和 e^* 分别由公式（7.7）和公式（7.8）确定，OTA 的可取消和不可取消客房的期望需求可以据此得出，具体如下：

$$D_1 = \phi\left\{\alpha + \frac{k\alpha\theta_2\mu}{2(k\alpha+\beta)} - \left[\beta - \eta\phi + \frac{k\alpha\eta(\beta+(1-\phi)k\alpha)}{2(k\alpha+\beta)}\right]p_1\right\} \quad (7.9)$$

$$D_2 = \frac{1}{2}\left\{[\beta+(1-\phi)k\alpha]\eta p_1 + \theta_2\mu\right\} \quad (7.10)$$

7.3.2　酒店的决策

已知 OTA 对可取消客房的最优定价策略由公式（7.7）和公式（7.8）确定，酒店需要确定自身的可取消价格 p_1。为此，酒店通过求解以下问题来最大化其期望收益：

$$\max E[\pi_h(p_1)] = (p_1-\omega)(D_1+D_2) + p_1 E[\min\{C-d_1-D_2,\ (1-\theta_2)\zeta x\}]$$

其中，$\omega = \eta p_1$，D_1 和 D_2 由公式（7.9）和公式（7.10）给出。

以下命题将阐述酒店的最优决策策略。

命题 7.2　最优可取消价格 $p_1^* = \min\{\bar{p}_1^*,\ p_1^{THR}\}$，其中，

$$\bar{p}_1^* = \arg_{p_1}\left\{\begin{array}{l}C + (1-\theta_2)\zeta\int_0^{\frac{C-d_1-D_2}{(1-\theta_2)\zeta}} xf(x)\,dx = \eta(d_1-D_2+M) \\ + N + (C-d_1-D_2-M)F\left[\frac{C-d_1-D_2}{(1-\theta_2)\zeta}\right]\end{array}\right\} \quad (7.11)$$

$$p_1^{THR} = \frac{\alpha(2k\alpha+2\beta+k\theta_2\mu)}{k\alpha[\beta(2+\eta)+k\alpha\eta(1-\phi)-2\eta\phi]+2\beta(\beta-\eta\phi)} \quad (7.12)$$

其中，$M = \left[\eta\phi - \beta\left(1-\frac{\eta}{2}\right) - \frac{k\alpha\beta\eta\phi}{2(k\alpha+\beta)}\right]p_1^*$，$N = (1-\eta)(1-\phi)\left[\alpha + 2(\eta\phi-\beta)p_1^* + \frac{k\alpha\{\theta_2\mu - 2\eta[\beta+k\alpha(1-\phi)]p_1^*\}}{2(k\alpha+\beta)}\right]$。

命题 7.2 表明最优的可取消价格直接受到多个关键因素的影响，包括

酒店散客的需求量、价格差异系数，以及跨渠道需求泄露的比例。

为了深入探究个性化定价策略对 OTA 和酒店收益的具体影响，接下来将引入一个基准情形作为对比。在这个基准情形中，我们假设 OTA 不销售不可取消的客房，进一步详细对比分析个性化定价方案与这一基准情形，以便更全面地了解各种策略对双方绩效的潜在影响。

7.4 基准情形：统一定价

在基准情形中，OTA 仅销售可取消客房，与酒店保持一致。换言之，酒店和 OTA 均采用统一定价策略来对所有客房进行定价，以此作为与上述个性化定价方案的对比。为了区分这两种定价策略，我们将使用数学符号"^"来表示基准情形中的相关变量和参数。

基准情形中 OTA 的需求为

$$\hat{d} = \alpha - \beta \hat{p}_1 + \hat{e} \tag{7.13}$$

考虑到部分顾客可能会取消预订，因此实际可实现的需求为

$$\hat{D} = \phi \hat{d} \tag{7.14}$$

基于此，OTA 和酒店的期望收入分别由以下公式给出：

$$E[\hat{\pi}_o(\hat{e})] = \hat{\omega}\hat{D} - \frac{1}{2}\hat{e}^2 \tag{7.15}$$

$$E[\hat{\pi}_h(\hat{p}_1)] = (\hat{p}_1 - \hat{\omega})\hat{D} + \hat{p}_1 E[\min\{C - \hat{d}, \ \zeta x\}] \tag{7.16}$$

其中，$\hat{\omega} = \eta \hat{p}_1$。

通过反向归纳，对于给定的价格 $\hat{p}_1$，可以从公式（7.15）的一阶导数中得到 OTA 的最优努力水平，并且表示为

$$\hat{e}^* = \phi \eta \hat{p}_1 \tag{7.17}$$

将公式（7.17）代入公式（7.14）中，可以得到 OTA 的实际需求为

$$\hat{D} = \phi(\alpha - (\beta - \phi\eta)\hat{p}_1) \tag{7.18}$$

在已知 OTA 对房价的反应后，酒店通过最大化其在公式（7.16）中给出的期望收入来确定 $\hat{p}_1$。因此，最优价格由以下方程式给出：

$$C - (1 - \phi + \eta\phi)(2\hat{d} - \alpha) - (C - 2\hat{d} + \alpha)F\left(\frac{C - \hat{d}}{\zeta}\right) + \zeta\int_0^{\frac{C-\hat{d}}{\zeta}} xf(x)\,\mathrm{d}x = 0$$

$$(7.19)$$

其中，$\hat{d} = \alpha - (\beta - \eta\phi)\hat{p}_1^*$。

7.5 数值分析

由于酒店散客需求的分布情况未知，因此无法直接获得显性解。为了更深入地理解最优决策，本节将通过数值实验进行进一步探讨。

7.5.1 基本实验

以一家中国五星级酒店为例，该酒店与中国最大的 OTA 携程合作，通过其平台销售客房。OTA 提供了两种基于不同取消政策的个性化客房选项：一种是可取消客房，顾客通常可以在入住日期 24 小时前免费取消预订；另一种是不可取消客房，如果顾客未到达，将需支付与房价相等的违约金。

在这项研究中，我们只考虑该酒店的标准间，假设其数量为 250 间。在中国，五星级酒店通常需要向该 OTA 支付 12% ~ 15% 的佣金，因此在本研究中，我们将佣金率 η 设定为 0.12。

假设酒店散客的需求 x 服从均值为 μ、标准差为 σ 的正态分布。这种需求分布在酒店和旅游行业的学术研究中被广泛应用（Ling et al.，2015；Ling et al.，2014a）。在实践中，酒店和住宿场所通常使用酒店管理系统（property management system，PMS）等软件应用来管理日常运营，包括预订、客人入住和退房、客房分配和结算等。通过使用 PMS 系统，可以轻松

估算出 μ 和 σ 的值。在本研究中，我们将 μ 设定为 100。根据刘等（Liu et al.，2002）的研究，对于拥有 100 间以上客房的中等到较大型酒店，其总需求可以很好地用连续正态分布来表示，且标准差大于均值的平方根（Lee，2018；Liu et al.，2002；McGill & Van Ryzin，1999）。因此，我们将 σ 设定为 20，以满足这一条件。

根据该 OTA 网站上的信息，该酒店标准双人房的最高平均价格为 1400 元，最低平均价格为 1000 元。我们假设对应的需求分别为 116 间和 400 间，这些数据可以从 PMS 系统中观察到。然后，我们根据郭晓龙等（Guo et al.，2016a）的研究方法，使用 Wolfram Mathematica@ 12.0 软件中的线性需求函数来估算市场规模和价格弹性系数，得到 $\alpha = 1110$ 和 $\beta = 0.71$。

在学术界中，通常假设顾客的到达率遵循均匀分布（Guo et al.，2016a；Kasilingam，1997；Popescu et al.，2006）。在本研究中，我们遵循郭晓龙等（Guo et al.，2016b）的做法，将到达率的平均值设为 $\phi = \zeta = 0.95$，这一设定对我们的研究发现没有影响。

假设在某一给定周期内，OTA 的总需求由 PMS 记录为 $\overline{D}_0$。当采用统一定价策略时，可观察到的需求为 $\overline{D}_1$，此时的可取消客房和不可取消客房的价格分别为 $\overline{p}_1$ 和 $\overline{p}_2$。由于价格差异，从可取消客房流向不可取消客房的潜在需求泄露量为 $\overline{\theta}_1 \alpha = \overline{D}_0 - \overline{D}_1$。根据公式（7.1），可以估算出需求对价格差异的敏感度 $k = (\overline{D}_0 - \overline{D}_1)/[\alpha(\overline{p}_1 - \overline{p}_2)]$。对于酒店而言，在采用个性化定价策略之前，给定周期内的历史需求为 $\overline{\mu}_0$，而当 OTA 采取该策略时，当前的需求变为 $\overline{\mu}_1$。因此，需求泄露比例 $\overline{\theta}_2$ 可以用 $\overline{\theta}_2 = (\overline{\mu}_0 - \overline{\mu}_1)/\overline{\mu}_0$ 来估算。在本研究中，我们设定 $k = 0.001$ 和 $\theta_2 = 0.15$ 作为基本值。

表 7.1 列出了所有输入参数的值。使用这些参数，在 Wolfram Mathematica@ 12.0 中进行模拟，得到了最优决策，结果总结如表 7.2 所示。模拟结果显示，基于不同取消政策的个性化定价策略提高了房价。值得注意的是，不可取消客房的价格（1603.88 元）甚至高于基准测试中的可取消客房价格（1593.77 元）。与基准测试相比，OTA 付出了更多的努力，从而获得了

更高的总需求。因此，个性化定价策略不仅改善了酒店和 OTA 的收入，还实现了双赢的局面。

表 7.1   实验参数设置

参数	参考依据
$C = 250$	客房容量
$\eta = 12\%$	OTA（如携程）的佣金
$\mu = 100$，$\sigma = 20$	Liu et al.，2002
$\alpha = 1110$，$\beta = 0.71$	Guo et al.，2016a
$\phi = \zeta = 0.95$	Guo et al.，2016a；Kasilingam，1997；Popescu et al.，2006
$k = 0.001$	根据酒店管理系统（PMS）记录的历史数据估算
$\theta_2 = 0.15$	根据酒店管理系统（PMS）记录的历史数据估算

表 7.2   两种情形下的最优决策值

情形	酒店的决策		OTA 的决策					
	p_1^*	π_h^*	p_2^*	e^*	D_1^*	D_2^*	D^*	π_0^*
基准情形	1593.77	348151.52	—	181.69	—	—	152.11	12584.90
个性化定价情形	1641.17	362068.64	1603.88	187.09	85.94	82.88	168.82	12653.86

7.5.2 灵敏度分析

本小节进行了灵敏度分析，旨在深入探讨关键参数对最优决策及收入的具体影响。

酒店需求受季节性波动影响，因此，了解散客需求（包括期望数量及其标准偏差）如何影响酒店和 OTA 的决策显得尤为重要。图 7.2 展示了酒店散客需求的期望数量对最优解的影响。具体来说，散客的数量增多，意味着酒店的入住率提升。因此，酒店将提高可取消客房的价格，以增加收入，见图 7.2（a）。相应地，OTA 也会调整策略，设置更高的不可取消客房价格，以缩小与可取消客房的单位收入差距。

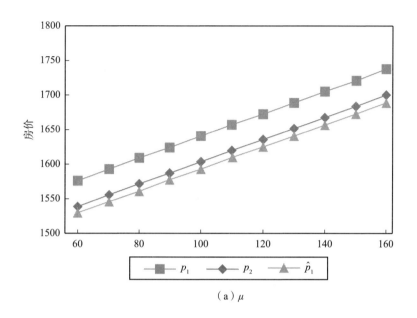

（a）μ

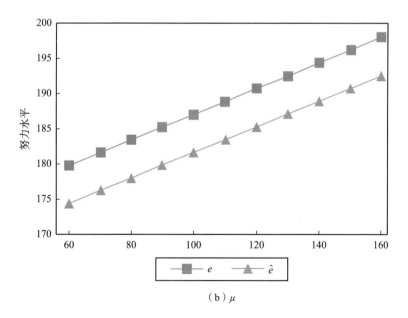

（b）μ

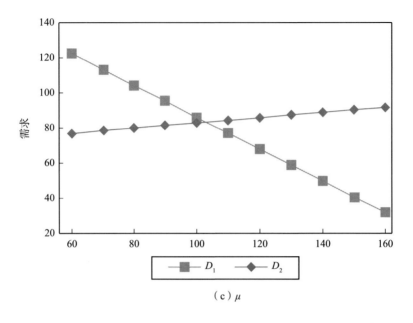

（c）μ

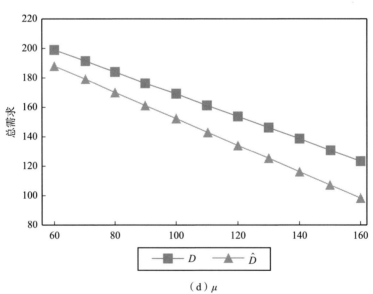

（d）μ

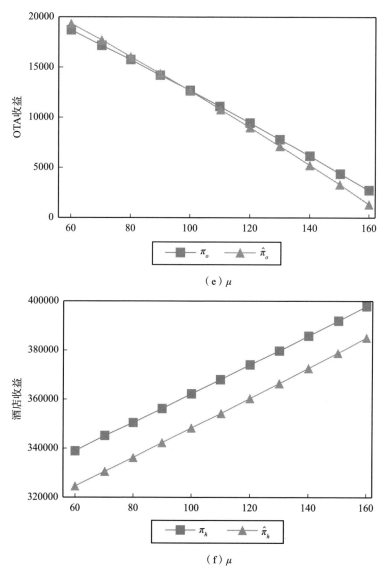

（e）μ

（f）μ

图 7.2　酒店散客需求的均值对最优决策的影响

　　可取消客房价格的上涨，意味着 OTA 从每笔交易中获得的佣金也会增加，这进一步激励 OTA 加大营销力度，提高努力程度，见图 7.2（b）。然而，这种价格上涨也会导致 OTA 的可取消客房需求减少，见图 7.2（c）。但由于酒店官方渠道向 OTA 不可取消客房市场的需求泄露，不可取消客房的需求仍然保持上涨，见图 7.2（c），最终导致 OTA 的总需求下降，见图 7.2（d）。这一系列变化导致 OTA 的收入呈现下降趋势，见图 7.2（e），而酒店则因为更多顾客选择通过其官方渠道预订客房，收入有所增加，见图 7.2（f）。

图 7.2 表明，在给定其他条件的情况下，无论酒店的散客数量如何变化，基于不同取消政策的个性化定价策略都能提高酒店的房价，且不可取消客房的价格甚至高于基准情形下可取消客房的价格。这表明，酒店始终能从这种个性化定价策略中受益。同时，随着酒店散客数量的增加，个性化定价策略使得 OTA 的总需求与基准情形相比差距进一步扩大，见图 7.2（d）。因此，当酒店散客数量较高时，OTA 也能从这种策略中获得更多收益。这表明，在酒店散客数量较多的情况下，OTA 应将个性化定价作为一种有效的竞争工具，来争取更多的客房库存。

图 7.3 揭示了酒店散客需求的标准差对酒店和 OTA 决策的影响。与图 7.2 相比，标准差对最优解的影响与均值呈现相反的趋势。具体而言，图 7.3 的结果表明，在酒店的散客需求波动较小的情况下，实施基于不同取消政策的个性化定价策略，是 OTA 提升收入的有效途径。图 7.2（e）与图 7.3（e）则共同解释了为何 OTA 不会对其网站上所有类型的客房都采取基于不同取消策略的个性化定价策略。OTA 应该选择与散客需求较高且稳定的酒店合作，从而获得更高收入。

图 7.4 展示了价格差异系数对最优解的影响。如图 7.4（a）所示，随着价格差异系数的增加，可取消价格和不可取消价格均呈现下降趋势，但两者之间的价格差距随着系数 k 的增大而逐渐缩小。与此同时，随着潜在顾客从可取消市场向不可取消市场转移的比例提高，不可取消客房的需求随之增加，而可取消客房的需求则急剧下降，如图 7.4（c）所示。特别值得注意的是，当价格差异系数达到足够大的水平（在本书中约为 0.018）时，可取消客房的需求将降为零。这一现象解释了为什么某些类型的酒店客房在 OTA 的网页上仅销售不可取消客房。在图 7.4（e）中，我们可以看

到 OTA 的收入随着价格差异系数的增加呈现出上升趋势，而相比之下，酒店的总体收入则随着价格差异系数的增加而减少，如图 7.4（f）所示。

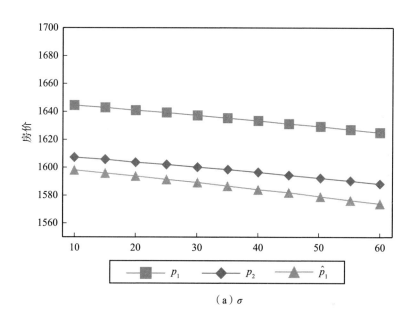

（a）σ

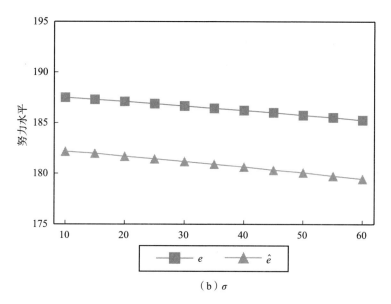

（b）σ

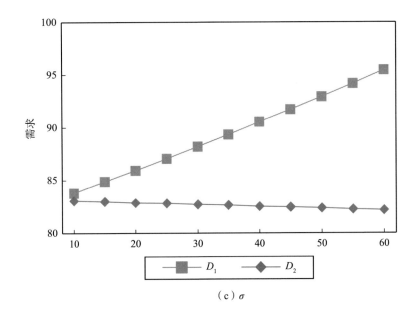

（c）σ

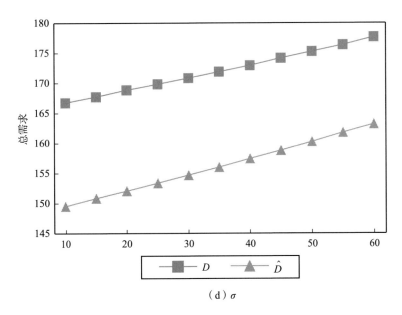

（d）σ

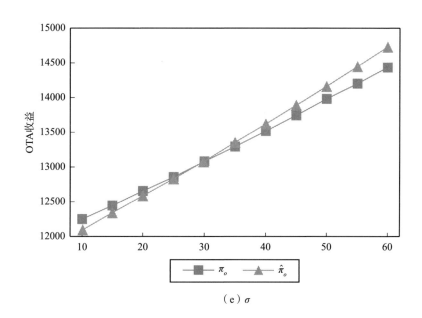

（e）σ

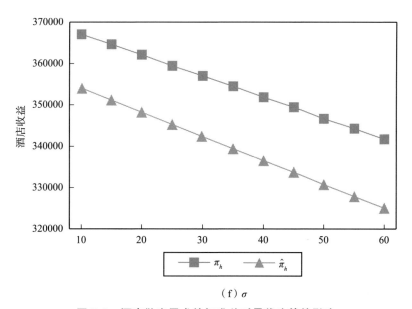

（f）σ

图 7.3   酒店散客需求的标准差对最优决策的影响

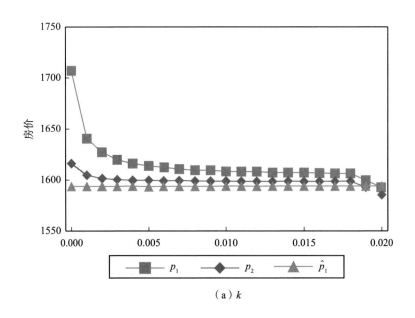

（a）k

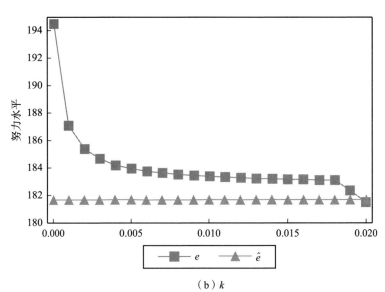

（b）k

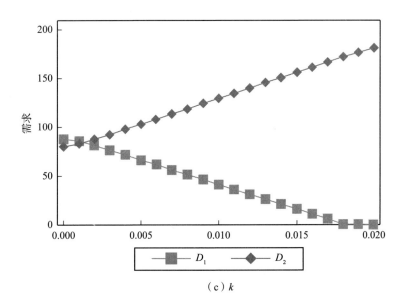

（c）k

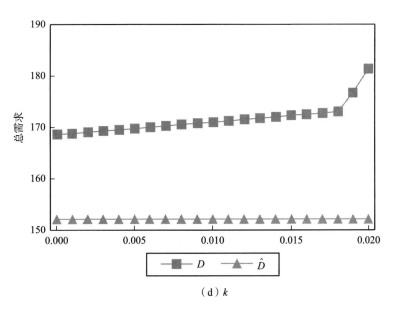

（d）k

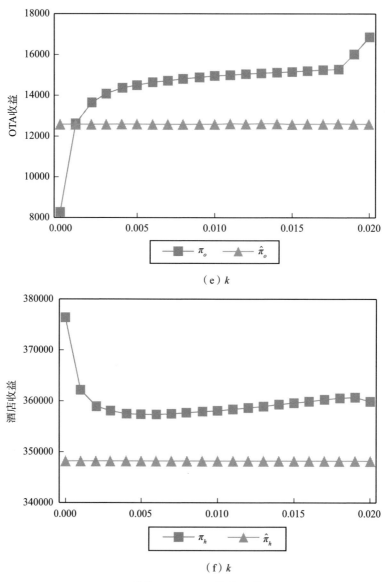

（e）k

（f）k

图 7.4　价格差异系数对最优决策的影响

从图 7.4 中可以明显看出，当价格差异系数达到一个阈值（在本书中即 $k > 0.00096$）时，OTA 能够从这一策略中获得显著收益。此外，研究结果还表明，在价格差异系数足够大的情况下，OTA 应选择仅销售不可取消客房。酒店总是能够从 OTA 实施的个性化定价策略中实现收入的提升。这表明，从整体上来看，这种基于不同取消政策的个性化定价策略对于酒店和 OTA 双方都是有益的。

图 7.5 展示了跨渠道需求泄露比例对最优解的影响。随着跨渠道需求泄露比例的提高，酒店为了保留更多的散客，会降低可取消价格，见图 7.5（a）。相反，由于更多散客泄露到不可取消市场，OTA 将提高不可取消客房的价格。因此，随着 θ_2 的增加，可取消客房和不可取消客房之间的价格差距迅速缩小。可取消客房的价格降低，进一步使得 OTA 的努力程度呈现下降趋势，见图 7.5（b）。随之而来的是，OTA 的可取消客房和不可取消客房的需求都有所增加，见图 7.5（c），从而带动了 OTA 总需求的提升，见图 7.5（d）。随着更多顾客从酒店的网站转移到 OTA 的不可取消客房市场，OTA 的总体收入呈现上升趋势，见图 7.5（e），而酒店的收入则相应减少，见图 7.5（f）。

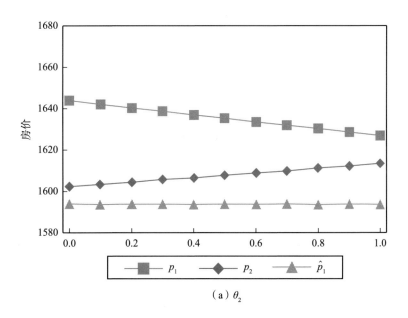

（a）θ_2

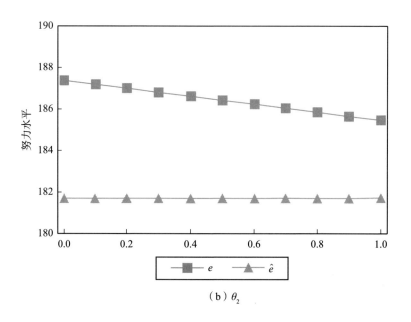

（b）θ_2

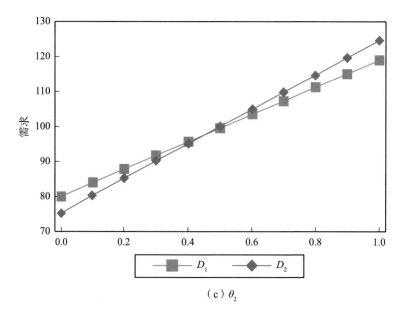

（c）θ_2

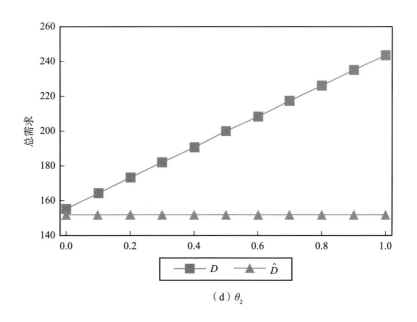

（d）θ_2

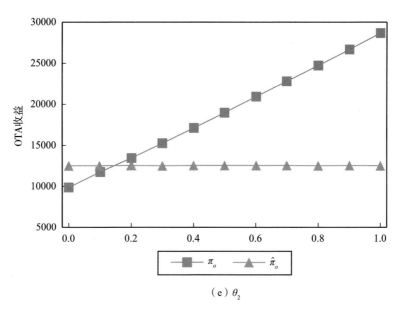

（e）θ_2

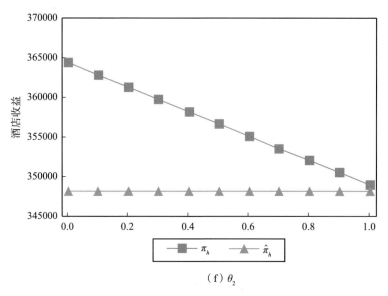

（f）θ_2

图 7.5　跨渠道需求泄露系数对最优决策的影响

图 7.5 揭示了一个非常见的结果，即尽管跨渠道需求泄露比例增加，酒店仍然能够从 OTA 的个性化定价策略中获益。这可以解释为，与基准情形相比，这种策略总是能够产生较高的可取消价格和不可取消价格。当跨渠道需求泄露比例超过某个阈值（本例中为 $\theta_2 > 0.164$）时，OTA 的收入也会因此获得改善。这表明，OTA 应当采取适当措施，通过其网页吸引更多顾客进行预订，以进一步利用这一策略带来的优势。

研究结果表明，基于不同取消政策的个性化定价策略能够有效提升酒店的收入，这主要得益于房价和销售量的增加，尽管部分顾客可能会从酒店的官方网站转移到 OTA 的分销渠道。个性化定价策略总是能够扩大 OTA 的总需求。此外，当酒店的散客需求高且稳定时，OTA 从这种策略中获得的收入提升会更加显著。对于 OTA 而言，当其顾客对可取消客房和不可取消客房之间的价格差异较为敏感时，采用这种个性化定价策略将更为有利。最后，如果跨渠道需求泄露比例达到一定程度，OTA 同样能够获得收入改善。

7.6 本 章 小 结

本章针对酒店行业中的晚取消和未出现情况（即顾客预订但未入住）问题，提出了一个创新的个性化定价策略，即 OTA 基于不同的取消政策，设置可取消价格和不可取消价格，并考虑了渠道内和渠道间的需求泄露效应。通过建立酒店和 OTA 之间的斯坦伯格博弈模型，得出了最优的可取消客房价格和不可取消客房价格。与统一定价方案相比，结果显示这种个性化定价策略对酒店有多重益处：首先，它有助于酒店提高房价并增加收入；其次，该策略扩大了 OTA 的总需求，使其在与酒店争夺客房库存时能够提取更多收入，特别是在酒店的散客需求高且稳定时；最后，当渠道内和渠道间的需求泄露效应达到一个阈值时，OTA 也能从这种策略中获得收入改善。本章还探讨了实现酒店和 OTA 双赢局面的条件。

7.6.1 理论意义

本研究在以下几个方面推进了现有研究。首先，本研究首次在 OTA 与酒店合作的背景下，探讨了基于不同取消政策的个性化定价策略。与埃斯科巴里和金达蓬（Escobari & Jindapon，2014）的观点——航空公司制定可取消和不可取消的航班机票价格，并将其发布在 OTA 上而不考虑竞争情况——不同，在本研究中酒店确定可取消房价而 OTA 确定不可取消房价，并深入探究酒店与 OTA 之间的竞争关系对结果的影响。以往研究认为个性化定价总是能够改善服务提供商收入（Abrate et al.，2019；Namin et al.，2020），然而，本书的研究结果表明这种情况并非总是如此。本研究明确了在这种个性化定价策略下 OTA 和酒店收入能够增加的条件。因此，本研究通过提供关于最优定价和取消政策的见解，为 OTA 与酒店之间的关系管理相关理论做出了贡献。

其次，大多数现有的个性化定价研究都基于顾客的不同特征进行设定，如年龄、收入、国籍或支付意愿（Alfarhan et al.，2022；Alpízar，2006；Cohen，2002；Espinet-Rius et al.，2018；Tomczyk et al.，2022）。不同于以往研究，本章对同类酒店客房设置基于不同取消政策的个性化价格，提供了独特的研究视角。不同于郭（Guo，2009）、谢和格斯特纳（Xie & Gerstner，2007）的研究，他们假设提前出售期间仅提供部分退款，而在现场期间不提供退款，而本章则建议OTA应在整个销售期间同时提供可取消和不可取消的客房。这样，不同类型的顾客就会更倾向于留在OTA网站上。结果表明，这种策略可以有效地增加OTA的总需求。这与劳斯塞尔和雷森德（Laussel & Resende，2022）的研究观点相一致，他们声称个性化定价是"促进消费者忠诚度并保留消费者的重要工具"。

最后，本研究通过引入同类酒店客房不同价格引起的需求泄露，进一步扩展了个性化定价的研究范围。个性化定价策略往往会导致市场细分的不完美，并可能引发顾客从一个细分市场转移到另一个细分市场（Raza，2015；Raza et al.，2018）。然而，过去关于个性化定价的研究很少涉及这个问题（Escobari & Jindapon，2014；Laussel & Resende，2022）。本章通过引入由可取消客房价格和不可取消客房价格差异引起的渠道内和渠道间的需求泄露，有效地填补了这一研究空白。尽管拉扎（Raza，2015）和拉扎等（Raza et al.，2018）在他们的研究中考虑了由不同价格引起的需求泄露效应，但他们假设需求泄露比例是恒定的。然而，实际上，需求泄露的强度会受到个性化服务价格差异的影响。因此，本章假设OTA的需求泄露受到可取消客房价格和不可取消客房价格差异的影响，这一假设更为合理且贴近实际。

7.6.2　实践意义

本章对服务提供商和顾客均提供了重要的启示。首先，与统一定价方案相比，酒店房价的上涨往往是由个性化定价策略引起的。但值得注意的是，这种涨幅会随着渠道内需求泄露的增加而逐渐缩小，而酒店因此获得的收入改善则会随之增加。因此，酒店应采取积极措施，吸引顾客通过官方网站进行客房预订，而非通过 OTA。这些措施可能包括：为顾客提供更多价格选项（如不可取消价格和可取消价格）、设计用户友好的应用程序以简化预订流程，以及为散客提供折扣等。例如，一些顾客通过手机应用程序和触摸屏面板能够获得更安全、更宁静的酒店住宿体验（Yang et al.，2021），这凸显了在移动商务时代提升酒店应用可用性的重要性。

其次，根据图 7.2 ~ 图 7.3 的结果分析，当酒店的散客需求量超过一定阈值且其标准差低于某个特定值时，OTA 的收入会相应提高。因此，OTA 应仅在酒店的散客需求相对较高且稳定时，将个性化定价策略视为一种有效的竞争工具，与酒店竞争客房库存并据此提高他们的收入。换句话说，OTA 不应将所有酒店客房一视同仁，而是应选择其中部分客房，并根据不同的取消政策以个性化的价格进行销售。

再次，本章建议 OTA 在采用个性化定价策略之前，应充分评估需求泄露效应。只有当顾客对可取消和不可取消客房之间的价格差异足够敏感时，OTA 才应采用这种个性化策略。具体来说，当价格差异系数达到足够大时，一定比例的顾客会从可取消客房市场细分转移到不可取消客房市场细分，这可能导致可取消客房的需求降为零。因此，OTA 应通过评估顾客对价格差异的敏感度，采取量身定制的个性化定价策略。例如，对于价格敏感的休闲顾客，OTA 可以仅提供不可取消价格的客房选项。

最后，针对顾客，尤其是中国顾客，本章建议他们在 OTA 网站上寻找更多的价格选项，并在评估目的地的不确定性后选择满意的交易。由于中国的大多数酒店仅向顾客提供可取消客房（通常在一定时间范围内），但顾客的日程安排确定性却各不相同（Karl，2018）。因此，本章建议顾客可以估计自己行程的不确定性，当行程非常确定时，可以在 OTA 上以较低的价格预订不可取消客房。

7.6.3 局限性和未来研究方向

本章的研究可以从以下几个方面进行进一步的改进和优化。首先，本研究主要关注了中国的市场情况，其中大多数酒店仅在其网站上提供同类客房的可取消价格。基于此，OTA 可以通过采用基于不同取消政策的个性化定价策略来增加需求并提高收入。然而，未来的研究应该进一步探讨这种策略在非中国背景下的影响，即那些酒店也根据不同的取消政策提供多种价格选项的市场情况，以验证和拓展本研究的结论。

其次，预订窗口的长度对顾客的取消行为具有显著影响（Chen et al.，2011；Masiero et al.，2020）。因此，未来的研究应该进一步深入探讨动态个性化定价策略，特别是预订窗口如何影响最佳个性化定价策略和收入。这将有助于更全面地理解个性化定价策略在实际运营中的应用和效果。

最后，本章构建了一个由 OTA 和酒店组成的简单模型进行分析。然而，在实践中，OTA 通常需要与竞争同一细分市场的多家酒店进行合作。因此，未来的研究可以进一步拓展到"一对多"模型，并深入探讨这种竞争关系如何影响个性化定价策略的制定和实施。这将有助于更准确地揭示个性化定价策略在复杂市场环境下的应用和挑战。

本 章 附 录

命题 7.1 的证明

OTA 决策的拉格朗日函数可以写成：

$$L(p_2,\ e,\ \lambda) = \omega D_1 + (\omega + p_2 - p_1)D_2 - \frac{1}{2}e^2 + \lambda(p_1 - p_2)$$

其中，$\omega = \eta p_1$，$D_1 = \phi\big[(1-\theta_1)\alpha - \beta p_1 + e\big]$，$D_2 = \theta_1\alpha + \beta p_1 - \beta p_2 + \theta_2\mu$，且 $\lambda \geqslant 0$。

使用卡罗需 – 库恩 – 塔克（Karush-Kuhn-Tucker）（Bertsekas，1997）最优性条件可得

$$\frac{\partial L}{\partial p_2} = \{(2-\eta)\beta + [2-\eta(1-\phi)]k\alpha\}p_1 - 2(k\alpha+\beta)p_2 + \theta_2\mu - \lambda = 0$$

$$\tag{A1}$$

$$\frac{\partial L}{\partial e} = \phi\eta p_1 - e = 0 \tag{A2}$$

$$\lambda(p_1 - p_2) = 0 \tag{A3}$$

在方程（A3）中，因为 $p_1 \neq p_2$，可得到 $\lambda = 0$。结合方程（A1）和方程（A2），最优可退款价格 p_2^* 和努力水平 e^* 分别为

$$p_2^* = \frac{\{(2-\eta)\beta + [2-\eta(1-\phi)]k\alpha\}p_1 + \theta_2\mu}{2(k\alpha+\beta)}$$

$$e^* = \phi\eta p_1$$

证毕。

推论 7.1 的证明

根据本章的公式（7.7）和公式（7.8）可得

$$\frac{\partial p_2^*}{\partial p_1} = \frac{(2-\eta)\beta + [2-\eta(1-\phi)]k\alpha}{2(k\alpha+\beta)} > 0,\ \text{且}\ \frac{\partial e^*}{\partial p_1} = \phi\eta > 0$$

证毕。

推论 7.2 的证明

根据公式（7.7），可得

$$\frac{\partial p_2^*}{\partial \mu} = \frac{\theta_2}{2(k\alpha + \beta)} > 0 \ \text{且} \ \frac{\partial p_2^*}{\partial \theta_2} = \frac{\mu}{2(k\alpha + \beta)} > 0$$

证毕。

命题 7.2 的证明

计算 $E[\pi_h]$ 关于 p_1 的一阶导数，可得

$$\frac{\partial E[\pi_h]}{\partial p_1} = C - \eta(d_1 - D_2 + M) - N - (C - d_1 - D_2 - M)$$

$$F\left[\frac{C - d_1 - D_2}{(1 - \theta_2)\zeta}\right] + (1 - \theta_2)\zeta \int_0^{\frac{C - d_1 - D_2}{(1 - \theta_2)\zeta}} x f(x)\, \mathrm{d}x$$

其中，$M = \left[\eta\phi - \beta\left(1 - \dfrac{\eta}{2}\right) - \dfrac{k\alpha\beta\eta\phi}{2(k\alpha + \beta)}\right] p_1$，$N = (1 - \eta)(1 - \phi)$

$\left(\alpha + 2(\eta\phi - \beta)p_1 + \dfrac{k\alpha\{\theta_2\mu - 2\eta[\beta + k\alpha(1 - \phi)]p_1\}}{2(k\alpha + \beta)}\right)$。令 $\dfrac{\partial E[\pi_h]}{\partial p_1} = 0$，显然

得到如公式（7.11）所示的 $\bar{p}_1^*$。

与此同时，为了保证 OTA 可退款房间的需求非负，即 $D_1 \geqslant 0$，容易得

到 $p_1 > p_1^{THR}$，其 $p_1^{THR} = \dfrac{\alpha(2k\alpha + 2\beta + k\theta_2\mu)}{k\alpha(\beta(2 + \eta) + k\alpha\eta(1 - \phi) - 2\eta\phi) + 2\beta(\beta - \eta\phi)}$。因

此可得 $p_1^* = \min\{\bar{p}_1^*, p_1^{THR}\}$。

证毕。

第 8 章

与 OTA 合作背景下酒店的
超售策略研究*

酒店一方面与 OTA 建立合作关系吸引在线顾客，另一方面采取超售策略应对顾客临时取消订单或失约的情况。本章将酒店的这两种策略结合起来，研究酒店与 OTA 合作背景下，如何制定最优定价和超售策略，并分析它们对合作过程的影响。

8.1 研究背景

在酒店行业中，一些顾客很晚才取消订单或者在不通知酒店的情况下失约，而另一些顾客没有提前预订却需要住宿（Bitran & Mondschein, 1995; Chatwin, 1999）。不同于有形产品，酒店客房具有时效性，即一旦客房空置则不能为酒店带来任何收入。这种特性使得酒店客房残值为零，即它们不能保存至将来销售（Ladany, 1996; Tang & Zairi, 1998）。此外，酒店运营的固定成本相当高，但是可变成本很小，这使客房具有非常可观的边际

---

* 本章内容基于以下论文改编和拓展：Dong, Y., & Ling, L. (2015). Hotel overbooking and co-operation with third-party websites. Sustainability, 7 (9): 11696 – 11712。

收益（Guo et al., 2013b；Ladany，1996）。因此，顾客很晚取消订单或者失约的行为会给酒店带来巨大的收益损失。

为了减少这种收益损失，酒店通常采用超售策略以提高客房入住率（Barth，2002；Klophaus & Pölt，2007；Mauri，2007）。超售即酒店售出的客房数量超过客房容量。当酒店预计部分顾客会取消订单或者失约时，通常会采用超售策略以避免客房闲置（Roennevig & Media，2015）。不少航空公司也公开表示为了避免座位虚耗而通常对航班进行超售，并称超售为国际惯例。研究显示，超售策略是收益管理的重要举措，它能为酒店提高高达 20% 的机会收益（Mauri，2012；Vinod，2004）。

OTA 作为最大的在线交易平台，吸引了大量在线顾客。据统计，越来越多的顾客通过 OTA 查询旅游信息、购买旅游产品或预订服务（Kim et al.，2007）。一方面，顾客通过 OTA 能够获得可能更低的价格；另一方面，OTA 能够为顾客提供各种信息，包括住宿、交通、旅游景点等。2014年根据《旅行周刊》（*Travel Weekly*）的一篇报道显示，由于 OTA 开发的手机 App 的广泛应用，应用 OTA 手机客户端预订服务的顾客比例 2012 年为 23%、2013 年为 30%、2014 年为 38%。因此，酒店会与 OTA 建立合作关系进行客房营销，以吸引更多的在线顾客从而提高入住率。此外，很多酒店不为公众所知或者酒店规模过小没有自己的官方网站，这些都是他们选择与知名的 OTA 合作的原因。因此，考虑到 OTA 在酒店营销系统中的重要地位，研究酒店与 OTA 之间的合作具有重要意义。

有大量研究关注酒店的超售策略（Ivanov，2012；Noone & Lee，2011），也有很多文献研究酒店与 OTA 的合作（Guo et al.，2013a；Toh et al.，2011b）。本章将酒店的超售策略和酒店与 OTA 的合作策略两者结合起来，探讨酒店与 OTA 合作的背景下如何制定最优定价和超售策略，并分析它们对两者之间合作过程的影响。哈吉尼科拉和帕纳伊（Hadjinicola & Panayi，1997）研究证明，当酒店与多个 OTA 合作时，与各 OTA 分别采用超售策略的情况相比，酒店单独采用超售策略能节约成本。因此，本章将酒店的客房看成整体，讨论酒店实施单一超售策略而各 OTA 不进行超售的情形。本章假设酒店与 OTA 之间的合作采用委托代理模式，通过建立酒店与 OTA 之间的斯坦伯格博弈模型，及各 OTA 之间的纳什博弈模型，得出酒店的最优超售量和最优定价。此外，通过与酒店不采用超售策略的基准模型相比较，本章分析超售策略对各决策者的收益改善情况，并将解决以下问题：第一，酒店与各 OTA 之间的博弈均衡是什么？即酒店的最优超售量和最优定价、OTA 的最优努力水平分别是什么？第二，酒店支付给被拒绝的顾客的赔偿金、需求波动程度、酒店的努力水平和客房容量对最优决策的影响是什么？第三，酒店的超售策略给酒店、OTA 和整个供应链带来多少收益改善？

研究发现：首先，赔偿系数对酒店的定价策略影响甚微，但是超售量随着赔偿系数的增加而迅速下降。这是因为赔偿系数增加时，实际超售的成本增加，酒店希望降低实际超售的风险，从而降低超售量。此时，期望需求下降，OTA 的努力水平也会降低。其次，在市场需求给定的情况下，酒店的努力程度只改变酒店和 OTA 之间的市场份额，但是对酒店的定价策略和超售策略没有影响。研究还发现，在算例分析中，超售策略使 OTA 1 和 OTA 2 的收益增加了 5.26% 和 5.21%，然而，酒店的收益只提升了 4.2%。因此，与超售策略的实施者即酒店相比，各 OTA 从酒店的超售策略中获益更大。因为 OTA 不需要承担实际超售带来的后果，而酒店必须向被拒绝的顾客支付赔偿金。

8.2 模型描述

本章讨论由一家酒店和 n 家 OTA 组成的旅游供应链，其中酒店决定客房价格和超售量，各 OTA 决定其促销努力水平。

8.2.1 合作问题描述

为了吸引更多顾客入住从而提高入住率，拥有 C 间相同客房的酒店与 n 家 OTA 合作销售客房。此时酒店的顾客分为两种：一种是通过电话或者酒店的官方网站预订客房的顾客，一种是通过 OTA 进行预订的顾客，前者称为传统顾客，后者称为网络顾客。由于顾客能够很容易通过网络对比各预订渠道的房价，酒店采取等价（rate parity）策略防止顾客都涌向低价渠道预订客房（Toh et al., 2011b），即所有预订渠道的房价相同且为 p。不收取预订费用。经营客房的单位可变成本是 c，而酒店总运营固定成本是 F。

本章中，酒店与各 OTA 之间的合作采用委托代理模式，即 OTA 每售出一间客房，酒店向其支付一笔佣金（Lee et al., 2013b；Tso & Law, 2005；Vargo & Lusch, 2004）。佣金通常是客房收益的一定比例（Toh et al., 2011b），也就是说，$\omega_i = \theta_i p$，$i = 1, 2, \cdots, n$，其中 θ_i 根据不同的 OTA 而定。

酒店的总需求为 D，包括传统顾客和网络顾客的需求，且假设 $D = a - bp + \varepsilon$。需求的期望值受房价 p 的影响，随机部分 ε 则与价格无关，其概率密度函数和分布函数分别为 $f(\varepsilon)$ 和 $F(\varepsilon)$。

由于酒店和各 OTA 的客户源相同，它们相互竞争以吸引更多顾客从自身预订渠道预订客房（Guo et al., 2014）。例如，部分酒店只给传统顾客免费提供早餐，而从 OTA 预订的网络顾客则不能免费享受；而一些 OTA 会给成功入住的顾客提供一定金额的返现（Guo et al., 2014）。酒店和 OTA i 为吸引顾客而付出的努力程度分别为 e_0 和 e_i，$i = 1, 2, \cdots, n$。因此，酒店和各 OTA 的市场份额比例分别为 $e_0/(e_0 + \sum e_i)$ 和 $e_i/(e_0 + \sum e_i)$，如图 8.1 所示。促销努力会产生相应的努力成本，且努力成本是努力水平的递增凸函数（Guo et al., 2014；Huang & Li, 2001；Little, 1979）。因此，本章假设酒店和各 OTA 的努力成本分别为 $h(e_0) = ke_0^2/2$ 和 $h(e_i) = ke_i^2/2$，$i = 1, 2, \cdots, n$，其中 k 为投资系数且 $k > 0$。

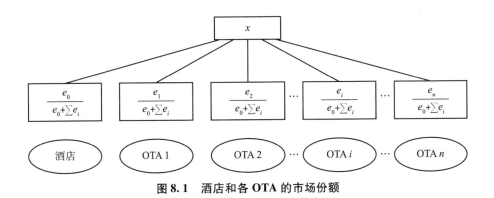

图 8.1　酒店和各 OTA 的市场份额

8.2.2　超售策略及期望收益

由于行程改变或工作时间变更等原因，一些顾客很晚才取消订单或在不通知酒店的情况下失约。假设到达酒店的人数占预订酒店的顾客总数的比例（即出现率）是 β，其概率密度函数和累积分布函数分别为 $g(\beta)$ 和 $G(\beta)$，且 $\beta \in [\beta_1, \beta_2]$。为了避免客房闲置，酒店采用超售策略提高入住率。假设超售量是 l，即酒店设定的超出客房容量的最大订单数目，因此酒店最多能接收 $C + l$ 个订单。

然而，酒店的超售策略可能导致实际超售（Vinod，2004），即当入住日期到达酒店的顾客数量超过客房容量时，实际超售情况发生，酒店不得不拒绝部分顾客入住。为了防止这些顾客口口相传酒店超售，从而影响酒店声誉，酒店应竭尽全力安抚被拒绝的顾客。例如，酒店可以将这些被拒绝的顾客安排到更高级的客房，或者承诺将来向他们提供免费住宿一晚。为了简单起见，本章假设酒店为了弥补这些被拒绝的顾客向每位顾客支付赔偿金 v，且 $v = rp$，即赔偿金随着房价的增加而增加，其中 r 为赔偿系数。

采用超售策略后，酒店的期望总需求为 x，其计算方式如下。首先，当预订客房的顾客数量比客房容量小时，即 $D \leqslant C$，酒店接收所有顾客的预订。此时，入住当天到达酒店的顾客人数为 βD。其次，当预订客房的顾客人数在 C 和 $C+l$ 之间时，即 $C < D < C+l$，预订人数没有超过酒店能接收的订单的最大范围，酒店接收所有订单，即入住日期有 βD 位顾客出现。如果 βD 小于客房容量 C，酒店为所有到达的顾客安排住宿；如果 βD 大于客房容量 C，酒店必须拒绝部分顾客。最后，当预订客房的顾客超过酒店能接收的订单最大范围时，酒店只接收 $C+l$ 个订单，入住当天有 $\beta(C+l)$ 位顾客出现。因此，酒店的期望需求为

$$x = \mathop{E}_{\varepsilon,\beta \,|\, D \leqslant C}\left[\beta D\right] + \mathop{E}_{\varepsilon,\beta \,|\, C < D < C+l}\left[\min\{\beta D, \ C\}\right] + \mathop{E}_{\varepsilon,\beta \,|\, D > C+l}\left[\min\{\beta(C+l), \ C\}\right]$$

$$(8.1)$$

其中，$D = a - bp + \varepsilon$。

所以，OTA i 的期望需求为

$$x_i = \frac{x e_i}{e_0 + \sum e_i}, \ (i = 1, 2, \cdots, n)$$

$$(8.2)$$

根据以上关于期望需求的讨论，得出酒店的期望收益为

$$\pi_0 = (p - c)x - \sum \omega_i x_i - v\Big(\mathop{E}_{\varepsilon,\beta \,|\, C < D < C+l}\left[\beta D - C\right]^+ $$

$$+ \mathop{E}_{\varepsilon,\beta \,|\, D > C+l}\left[\beta(C+l) - C\right]^+\Big) - \frac{k e_0^2}{2} - F$$

$$(8.3)$$

其中，$D = a - bp + \varepsilon$。第一部分是酒店为顾客提供住宿获得的净收益，第二部分是支付给各 OTA 的总佣金，第三部分是支付给被拒绝的顾客的总赔偿金，最后两部分分别代表促销努力成本和运营酒店的固定成本。

OTA i 的期望收益为

$$\pi_i = \omega_i x_i - k e_i^2 / 2, \ (i = 1, 2, \cdots, n)$$

$$(8.4)$$

8.3 最优解及结果讨论

本节给出上述问题的最优解，并通过算例分析具体说明系统参数对最优解的影响。

8.3.1 均衡分析

本节对前面讨论的合作过程给出最优解。假设酒店与各 OTA 之间的相互作用过程满足斯坦伯格博弈，其中酒店是博弈领导者而 OTA 是跟随者。而各 OTA 对有限的客房资源进行竞争，他们的竞争符合纳什博弈。在酒店与各 OTA 的合作过程中，酒店首先决定客房定价和超售量。由于酒店支付给 OTA 的单位佣金是房价的固定比例，所以房价一旦给定则佣金确定。随后，各 OTA 根据酒店给定的佣金确定其努力水平。

总结而言，酒店和各 OTA 之间的决策顺序为：

第 1 步：酒店决定超售量 l 和房价 p；

第 2 步：各 OTA 决定其努力水平 e_i；

第 3 步：酒店和 OTA 接收顾客订单；

第 4 步：入住当天酒店为到来的顾客安排住宿。如果到达的顾客数量超过客房容量 C，酒店拒绝部分顾客并向每位顾客支付赔偿金 v。

应用逆向归纳法求最优决策，即先求跟随者的决策，再求领导者的决策。

首先，给定酒店的超售量 l 和房价 p，OTAi 通过求解 $\max \pi_i(e_i)$ 得到最优努力程度。由于公式（8.4）对 e_i 的二阶导数是负数，OTAi 的收益是关于其努力水平的凹函数。根据 OTAi 收益函数对 e_i 的一阶导数条件，OTAi 的最优努力水平由以下方程给定：

$$\omega_i x \left(e_0 + \sum_{j \neq i} e_j \right) = k e_i \left(e_0 + \sum e_i \right)^2, \quad (i = 1, 2, \cdots, n) \quad (8.5)$$

其次，酒店已知各 OTA 对其给定的佣金和超售量做出如公式（8.5）的反应之后，通过最大化其收益来决定其超售水平和房价 p。酒店通过解决以下问题得到最优决策（l^*，p^*）：

$$\max_{(l,p)}\pi_0 = (p-c)x - \sum \omega_i x_i - v\Big\{ \underset{\varepsilon,\beta\,|\,C<D<C+l}{E}\big[\beta D - C\big]^+$$
$$+ \underset{\varepsilon,\beta\,|\,D>C+l}{E}\big[\beta(C+l)-C\big]^+\Big\} - \frac{k}{2}e_0^2 - F \tag{8.6}$$

s. t. $D = a - bp + \varepsilon$

$$x = \underset{\varepsilon,\beta\,|\,D\leqslant C}{E}\big[\beta D\big] + \underset{\varepsilon,\beta\,|\,C<D<C+l}{E}\big[\min\{\beta D,\ C\}\big] + \underset{\varepsilon,\beta\,|\,D>C+l}{E}\big[\min\{\beta(C+l),\ C\}\big]$$

$$x_i = \frac{xe_i}{e_0 + \sum e_i},\ (i = 1,\ 2,\ \cdots,\ n)$$

$$\omega_i x(e_0 + \sum_{j\neq i} e_j) = ke_i(e_0 + \sum e_i)^2,\ (i = 1,\ 2,\ \cdots,\ n) \tag{8.7}$$

通过解上述问题得到最优超售量 l^* 和房价 p^*，将其代入公式（8.5），再得到各 OTA 的努力水平。根据得到的最优解，计算出酒店和 OTAi 的最优收益分别为 π_0^* 和 π_i^*。由于传统顾客和到达率的具体分布情况未知，无法得到该模型的闭合解。因此，下一节通过算例分析详细说明最优解。

8.3.2　算例分析

本节通过算例分析给出由一家酒店和两家 OTA 组成的供应链的闭合解，其中酒店决定其超售量和房价，两家 OTA 各自决定其努力水平。通过算例分析，详细说明如何获得上节模型的最优解，并为酒店制定定价策略和超售策略提供参考意见。

在不影响结果的前提下，为了方便假设出现率 β 服从 $[0.8,\ 1]$ 之间的均匀分布，而需求扰动因子 ε 服从均值为 $\mu = 0$、标准差为 $\sigma = 45$ 的正态分布。其他参数值如表 8.1 所示。根据这些参数，应用 Matlab 2011b® 7. 13. 0. 564 计算得出最优解，如表 8.2 所示。

表 8.1　　　　　　　　　　　　　　　　默认参数值

项目	参数								
	n	C	c	F	a	b	e_0	θ_1	θ_2
取值	2	150	15	4000	500	3.2	30	0.12	0.15

注：a 和 b 是根据数组 $[p, E(D)] = (100, 180)$ 和 $[p, E(D)] = (150, 20)$ 得到的。

表 8.2　　　　　　　　　　　　　　　　最优解和最优收益

项目	参数								
	p	l	e_1	e_2	x	x_1	x_2	π_0	π_1	π_2
取值	107	13	17.65	20.73	126.73	32.71	38.41	6035.9	264.2	401.7

表 8.2 说明，考虑到部分顾客很晚取消订单或者失约，酒店超售 13 间客房以提高酒店的入住率。此外，结果显示，OTA 获得的单位佣金越高（$\theta_2 > \theta_1$），其努力程度越高（$e_2 > e_1$）。在这个例子中，OTA 2 付出更多努力销售客房，因而其市场占有率更高（$x_2 > x_1$），从而获得的收益也更丰厚（$\pi_2 > \pi_1$）。

为了进一步分析各系统参数对最优解和最优收益的影响，接下来进行灵敏度分析。根据表 8.1 中的基本参数，表 8.3 描述赔偿系数对最优解和最优收益的影响，表 8.4 给出需求波动情况对最优解和最优收益的影响，表 8.5 解释说明酒店的努力程度对最优解和最优收益的影响，而表 8.6 显示了客房容量对最优解和最优收益的影响。

表 8.3　　　　　　　　　赔偿系数对最优解和最优收益的影响

r	p	l	e_1	e_2	x	x_1	x_2	π_0	π_1	π_2
0.5	106	20	17.78	20.88	129.55	33.55	39.39	6136.3	268.7	408.4
1	107	13	17.65	20.73	126.73	32.71	38.41	6035.9	264.2	401.7
1.5	107	10	17.59	20.66	125.95	32.46	38.12	5980.9	262.1	398.5
2	107	8	17.54	20.60	125.34	32.26	37.89	5945.9	260.4	396.0
2.5	107	7	17.51	20.57	125.00	32.15	37.76	5921.5	259.5	394.6

表8.4　　　　　　　　　需求波动情况对最优解和最优收益的影响

σ	p	l	e_1	e_2	x	x_1	x_2	π_0	π_1	π_2
25	107	13	18.22	21.38	133.83	35.04	41.11	6618.3	283.9	431.2
35	107	13	17.94	21.06	130.29	33.88	39.76	6327.6	274.0	416.5
45	107	13	17.65	20.73	126.73	32.71	38.41	6035.9	264.2	401.7
55	106	13	17.39	20.42	124.63	31.95	37.54	5746.5	255.3	388.3
65	106	13	17.10	20.09	121.15	30.83	36.23	5465.7	246.0	374.2

表8.5　　　　　　　　　酒店努力程度对最优解和最优收益的影响

e_0	p	l	e_1	e_2	x	x_1	x_2	π_0	π_1	π_2
20	107	13	18.64	21.63	126.73	39.20	45.48	6089.2	329.5	496.0
25	107	13	18.15	21.20	126.73	35.75	41.74	6081.0	294.3	445.3
30	107	13	17.65	20.73	126.73	32.71	38.41	6035.9	264.2	401.7
35	107	13	17.15	20.24	126.73	30.02	35.43	5955.8	238.4	363.8
40	107	13	16.66	19.74	126.73	27.63	32.75	5842.1	216.0	330.7

表8.6　　　　　　　　　客房容量对最优解和最优收益的影响

C	p	l	e_1	e_2	x	x_1	x_2	π_0	π_1	π_2
130	111	12	16.73	19.67	111.46	28.08	33.02	5168.3	234.1	356.3
140	109	12	17.20	20.21	119.03	30.37	35.69	5621.6	249.3	379.2
150	107	13	17.65	20.73	126.73	32.71	38.41	6035.9	264.2	401.7
160	105	14	18.06	21.19	134.27	35.01	41.09	6411.7	278.1	422.6
170	103	15	18.42	21.61	141.66	37.27	43.71	6749.9	290.9	441.9

　　表8.3表明，赔偿系数对酒店的定价策略影响很小。然而，超售量会随着赔偿系数的增加而迅速降低，因为此时酒店希望减少顾客的需求从而降低实际超售的风险。此外，随着赔偿系数的增大，尽管此时酒店支付的

佣金基本不变，OTA 仍将降低其努力程度，从而减少顾客的需求。

表 8.4 表明，需求波动对酒店的定价策略和超售策略影响甚微，但是对酒店的收益影响非常大，因为需求波动程度剧烈会降低期望需求。另外，需求波动越大，各 OTA 的努力程度随之下降，导致 OTA 的收益降低。

表 8.5 表明，给定市场需求，酒店的努力程度只影响市场份额在酒店与各 OTA 之间的分配，对酒店的定价策略和超售策略没有影响。酒店的努力程度提高时，其市场份额增加，反过来导致各 OTA 的市场份额减小。因此，酒店的收益增加时各 OTA 的收益会降低。

表 8.6 表明，酒店客房容量增大时，为了提高客房入住率，酒店的房价降低同时应提高超售量以增加顾客需求。所以，酒店的期望需求增加。因此，客房容量增大会提高酒店和各 OTA 的收益。

8.4　扩展：超售策略带来的收益改善

本节探讨酒店的超售策略能否改善酒店和 OTA 的收益，并分析改善幅度。将酒店不采用超售策略时的情形设为基准。因此，在基准模型中，酒店最大化其收益来决定房价。一旦房价确定，支付给各 OTA 的单位佣金则确定，各 OTA 再根据酒店支付的佣金决定其努力程度。

基准情形中，顾客的期望需求为

$$x^B = \mathop{E}_{\varepsilon, \beta \mid D \leq C} \left[\beta D \right] + \mathop{E}_{\varepsilon, \beta \mid D > C} \left[\beta C \right]$$

其中，$D = a - bp^B + \varepsilon$。

OTAi 的市场份额为

$$x_i^B = \frac{x^B e_i^B}{e_0 + \sum e_i^B}, \quad (i = 1, 2, \cdots, n)$$

酒店和 OTAi 的期望收益分别为

$$\pi_0^B = (p^B - c)x^B - \frac{\sum \omega_i^B x_i^B - ke_0^2}{2} - F$$

$$\pi_i^B = \frac{\omega_i^B x_i^B - k(e_i^B)^2}{2}, \ (i = 1, 2, \cdots, n)$$

其中，$\omega_i^B = \theta_i p^B$，$i = 1, 2, \cdots, n$。

最优解的求解过程同第 8.3.1 节。首先，给定房价，OTAi 通过最大化其收益得到其努力程度为

$$\omega_i^B x^B \left(e_0 + \sum_{j \neq i} e_j^B\right) = ke_i^B \left(e_0 + \sum e_i^B\right)^2, \ (i = 1, 2, \cdots, n) \quad (8.8)$$

其次，知道各 OTAi 对其定价作出如公式（8.8）的反应后，酒店通过解决以下问题得到最优房价。

$$\max_{p^B} \pi_0^B = (p^B - c)x^B - \frac{\sum \omega_i^B x_i^B - ke_0^2}{2} - F \quad (8.9)$$

$$\text{s. t. } D = a - bp^B + \varepsilon$$

$$x^B = \underset{\varepsilon, \beta \mid D \leq C}{E}[\beta D] + \underset{\varepsilon, \beta \mid D > C}{E}[\beta C]$$

$$x_i^B = x^B e_i^B / \left(e_0 + \sum e_i^B\right), \ (i = 1, 2, \cdots, n)$$

$$\omega_i^B x^B \left(e_0 + \sum_{j \neq i} e_j^B\right) = ke_i^B \left(e_0 + \sum e_i^B\right)^2, \ (i = 1, 2, \cdots, n)$$

$$(8.10)$$

通过解决上述问题，得到酒店的最优房价，将此房价代入公式（8.8），得到各 OTA 的最优努力程度。根据此时的最优解，酒店和 OTA 的最优收益分别为 π_0^{B*} 和 π_i^{B*}。因此，采用超售策略后，酒店和各 OTA 的收益变化分别为 $\Delta\pi_h = \pi_h^* - \pi_{Bh}^*$ 和 $\Delta\pi_w = \pi_w^* - \pi_{Bw}^*$。

为了更清晰地说明超售策略对各决策者收益的改善情况，接下来进行算例分析。考虑一家酒店和两家 OTA 的合作情况，且其他参数值如表 8.1 所示。根据这些参数，得到基准模型的最优策略，及超售策略对酒店和两家 OTA 的收益改善情况，如表 8.7 所示。

表 8.7 超售策略对酒店和各 OTA 收益的改善

项目	p	e_1	e_2	x	x_1	x_2	π_0	π_1	π_2
基准情形	108	17.25	20.27	120.82	36.23	42.58	5792.5	251.0	381.8
超售情形	107	17.65	20.73	126.73	38.31	45.00	6035.9	264.2	401.7
收益改善 （％）	—	—	—	—	—	—	4.20	5.26	5.21

根据表 8.7 可以发现：首先，采用超售策略后，顾客的需求明显增加。超售后酒店能够接收更多订单，使入住当天顾客到达数量增多。其次，超售策略使 OTA 1 和 OTA 2 的收益分别提高了 5.26％ 和 5.21％，而酒店的收益提升比例仅为 4.20％，远小于各 OTA。这是因为，各 OTA 不需要承担实际超售带来的损失，而超售策略的实施者——酒店则必须向拒绝的顾客支付赔偿金。最后，从表中可以看出，获得的单位佣金更高且付出的努力程度更高的 OTA，不一定从酒店的超售策略中获益更多。

8.5 本章小结

为了提高客房入住率，酒店一方面采用超售策略应对顾客临时取消订单或失约的情况，另一方面与 OTA 合作以吸引更多的网络顾客。前者的风险是酒店须向因实际超售而被拒绝的顾客支付赔偿金，后者的代价是须向 OTA 支付佣金。本章同时考虑酒店与各 OTA 的合作与竞争关系的情况下，具体分析酒店的定价策略和超售策略，并分析酒店的超售策略对其与 OTA 的合作过程的影响。本章构建酒店与各 OTA 之间的斯坦伯格博弈模型，以及各 OTA 之间的纳什博弈模型，通过分析得出酒店的最优定价策略和超售策略，以及各 OTA 的最优努力水平。

研究得到以下结论：首先，酒店支付给被拒绝的顾客的单位赔偿系数对酒店的定价策略影响甚微。但是，随着赔偿系数的增加，实际超售的成本增加，因此酒店的超售量显著下降，从而降低实际超售的风险。考虑到此时酒店希望降低顾客的需求，各OTA降低努力水平以减少网络顾客的需求。其次，给定市场需求，酒店的努力程度不会影响酒店的定价策略和超售策略，而仅仅影响市场份额在酒店与各OTA之间的分配。也就是说，随着酒店努力程度的提高，酒店的市场份额增加，反过来降低了各OTA的市场份额。最后，采用超售策略后，OTA 1和OTA 2的收益分别提高了5.26%和5.21%，而酒店收益提升的比例仅为4.20%。该结论表明，与超售策略的实施者即酒店相比，各OTA从酒店的超售策略中获益更大。这是因为酒店采用超售策略后，OTA能够接收更多订单，从而获得更丰厚的收益。但是，OTA不需要承担超售所带来的风险，而酒店必须向被拒绝的顾客支付赔偿金。

本章研究的不足表现在以下几个方面：首先，酒店的需求随着时间的推移不断变化。因此，研究酒店的动态定价策略和超售策略是未来的研究方向之一。其次，酒店采用超售策略是为了应对顾客临时取消订单或失约的情形，从而提高客房入住率。但是酒店必须向被拒绝的顾客支付赔偿金。然而，从酒店的利益出发，对临时取消订单或者失约的顾客给予惩罚也是避免客房闲置、提高酒店客房入住率的方法之一。我们在将来的研究中将进一步分析这个问题。最后，本研究假设酒店所有客房同质。然而，事实上酒店通常拥有不同类型的客房。因此，将客房种类考虑在内，并应用升级或者降级策略来提高酒店的整体入住率是未来的研究方向之一。

第 9 章

从实际超售角度分析酒店与 OTA 合作背景下的超售策略[*]

作为应对顾客临时取消订单或不通知酒店而失约这种情况的有效措施，超售策略被广泛应用于服务行业。然而，在超售策略的实施过程中，如果到达的顾客数量超过容量，服务提供商不得不拒绝部分顾客，即造成实际超售。因此，本章从实际超售的角度探讨酒店的超售策略，通过计算不同赔偿金额下酒店的顾客服务水平（customer-service level）和顾客被拒绝入住的概率，反过来帮助酒店调整其超售策略，并给顾客预订酒店提供参考意见。

9.1 研 究 动 机

虽然超售策略可以提高酒店客房入住率；然而，超售策略是一把双刃剑（Zhang et al.，2010）。如果临时取消订单或失约的顾客数量非常小，入

---

* 本章内容基于以下论文改编和拓展：Guo, X. , Dong, Y. , & Ling, L. (2016). Customer perspective on overbooking：The failure of customers to enjoy their reserved services, accidental or intended?. Journal of Air Transport Management，53：65 – 72。

住日期到达酒店的顾客数量可能会超过客房容量，即发生实际超售的情况，此时酒店不能为所有到达的顾客提供住宿，从而不得不拒绝部分顾客入住。实际超售会降低客户满意度，从而影响酒店的信誉，并带来一定的经济损失，甚至降低顾客的忠诚度从而减少回头客（DeKay et al.，2004b；Hannigan，1980；Hwang & Wen，2009；Lindenmeier & Tscheulin，2008）。因此，本章从实际超售分析酒店的顾客服务水平和顾客被拒绝的概率，从而从深层次剖析酒店的超售策略。顾客服务水平，即酒店能够为所有预订客房的顾客提供住宿的概率。顾客服务水平从侧面反映了酒店的超售水平，酒店可以根据顾客服务水平调整超售策略，从而降低实际超售的概率并提高收益。

本章首先构建网络环境下酒店与OTA之间的斯坦伯格博弈模型，并得到最优解的求解方法。不同于第8章，本章假设酒店和OTA的客户源不同，因而同时对酒店和OTA的需求进行考虑。其次，根据得到的最优解，分析不同赔偿金下酒店的顾客服务水平和顾客预订客房后能够成功入住酒店的概率。

研究结果表明，酒店支付给被拒绝的顾客的单位赔偿金越高，酒店的超售水平越低，此时酒店的顾客服务水平越高，提前预订客房的顾客被拒绝的概率越低，即顾客能够成功入住其预订的客房的概率越高。例如，当赔偿金为客房价格的两倍时，酒店顾客服务水平为99.78%，顾客被拒绝的概率为0.217%。因此，酒店可以根据要求达到的顾客服务水平，调整超售量。与此同时，顾客可以根据酒店承诺的赔偿金来推断能够成功入住酒店的概率，从而选择合适的酒店以避免耽误行程。

9.2 问题描述

考虑一家酒店和一家OTA组成的旅游供应链。通过与OTA合作，酒店的顾客分为两类：直接通过酒店预订的传统顾客，间接通过 OTA 预订的网络顾客。酒店客房容量为 C，且每个客房都相同。为了维持各渠道的价格平等，酒店向所有顾客收取相同的房价 p（O'Connor & Piccoli，2003；Toh et al.，2011b）。

酒店与 OTA 之间采用委托代理模式进行合作，假设酒店向 OTA 支付的单位佣金为 ω。通常酒店支付的佣金是房价的一定比例，所以设 $\omega = \theta p$，其中 θ 是佣金比例系数。OTA 付出努力吸引网络顾客，设努力程度为 e。OTA 的努力给它带来一定的成本 $\varphi(e)$，努力成本是关于努力程度的凹函数（Taylor，2002），设 $\varphi(e) = e^2/2$。传统顾客的需求为 $D_1 = a_1 - b_1 p + \varepsilon_1$（Wang et al.，2004）；经过 OTA 的努力，网络顾客的需求为 $D_2 = a_2 - b_2 p - \gamma e + \varepsilon_2$（Cachon & Lariviere，2005）。其中常数 a_1 和 a_2 是市场容量，b_1 和 b_2 是价格弹性系数，且 a_1、a_2、b_1 和 b_2 都大于零，随机变量 ε_1 和 ε_2 代表需求的波动情况，γ 是努力程度影响系数。

因此，通过酒店的自营系统和 OTA 销售客房后，酒店的总需求可表示为 $D = a_1 + a_2 - (b_1 + b_2)p + \gamma e + \varepsilon_1 + \varepsilon_2$。设 $a = a_1 + a_2$，$b = b_1 + b_2$，$\varepsilon = \varepsilon_1 + \varepsilon_2$，则总需求 $D = a - bp + \gamma e + \varepsilon$，其中 ε 是随机变量，其概率密度函数（pdf）和累积分布函数（cdf）分别为 $f(\varepsilon)$ 和 $F(\varepsilon)$。

在实际生活中，部分成功预订酒店的顾客会因个人原因放弃旅行或者改变行程，导致很晚取消订单或者在不通知酒店的情况下失约。假设成功下订单的顾客最后出现的比例是 β（即出现率），β 的 pdf 和 cdf 分别为 $g(\beta)$ 和 $G(\beta)$，且 $\beta \in [\underline{\beta}, \overline{\beta}]$。为了避免客房闲置从而提高客房入住率，酒店通常采取超售策略，即卖出的客房数目比实际客房容量大。假设酒店的超售水平为 l，则酒店最多可以售出 $C + l$ 间客房。

然而，超售策略可能会导致实际超售，当入住当天到达酒店的顾客数量超过客房容量时，酒店必须拒绝一部分顾客入住。一旦这种情况发生，酒店可以通过以下方法安抚被拒绝的顾客：首先，向被拒绝的顾客提供升级服务，即将他们安排到更高级的客房；其次，承诺他们未来可以免费住宿一晚或几晚；再次，安排他们到其他酒店入住（Ivanov，2006）；最后，为了降低顾客的不满意度，酒店可以询问是否有自愿放弃入住的志愿者，并向这些志愿者提供经济补偿和后续服务等。德凯等（DeKay et al.，2004b）建议酒店经营者在向被拒绝的顾客解释时，应该将拒绝服务归因于部分顾客延长住宿导致客房不足，而不是自身的超售行为，这样能缓解被拒绝顾客的敌对和不满情绪。努恩和李（Noone & Lee，2011）研究发现，现金补偿通常比其他的补偿方式更令顾客满意。以上所有补偿措施都是为了挽回酒店的声誉，并维持将来与这些顾客的业务往来。为了简单起见，本章假设拒绝一个顾客给酒店带来的声誉损失是 v_1、现金损失是 v_2。

在实施超售策略的情况下，当预订客房的订单数量小于 $C+l$ 时，酒店接收所有的订单；否则，酒店最多接收 $C+l$ 个订单。如果入住日期到达酒店的顾客（包括传统顾客和网络顾客）数量超过客房容量，则每个被拒绝的顾客给酒店带来的损失是 v_1+v_2。因此，酒店和OTA的期望收益分别是

$$\pi_s = pE_1 - (v_1+v_2)E_2 - \theta p E_3 \tag{9.1}$$

$$\pi_o = \theta p E_3 - \frac{e^2}{2} \tag{9.2}$$

其中，E_1 代表成功入住的顾客的期望数量，E_2 是被拒绝的顾客的期望数量，而 E_3 是到达酒店的网络顾客的期望数量：

$$E_1 = \mathop{E}_{\varepsilon,\beta \mid D\leqslant C}[\beta D] + \mathop{E}_{\varepsilon,\beta \mid C<D\leqslant C+l}[\min\{\beta D, C\}] + \mathop{E}_{\varepsilon,\beta \mid D>C+l}[\min\{\beta(C+l), C\}] \tag{9.3}$$

$$E_2 = \mathop{E}_{\varepsilon,\beta \mid C<D\leqslant C+l}[\beta D - C]^+ + \mathop{E}_{\varepsilon,\beta \mid D>C+l}[\beta(C+l)-C]^+ \tag{9.4}$$

$$E_3 = \mathop{E}_{\varepsilon_2,\beta}[\beta D_2] \tag{9.5}$$

因此，公式（9.1）中的第一项代表酒店为顾客提供住宿时获得的收益，第二项代表拒绝顾客带来的损失，第三项代表支付给OTA的总佣金。公式（9.3）中，第一部分代表总需求小于客房容量时，酒店为所有到达的顾客提供住宿获得的收益；第二部分代表总需求在区间 $[C, C+l]$ 时，酒店接收所有订单，但是在入住日期只能为 $\min\{\beta D, C\}$ 个顾客提供住宿所获

得的收益；第三部分表示需求超过 $C + l$ 时，酒店最多接收 $C + l$ 个订单，最后为 $\min\{\beta(C+l), C\}$ 个顾客提供住宿所获得的收益。公式（9.5）说明酒店给予网络顾客优先入住权。实际上，虽然网络顾客的边际收益小于传统顾客，为了维持与 OTA 的长期合作关系，酒店通常选择优先接收网络顾客。

9.3 模型求解

假设酒店与 OTA 之间的合作过程是斯坦伯格博弈，其中酒店是行为领导者，而 OTA 是行为跟随者。酒店首先决定超售水平和客房价格。根据假设，一旦酒店客房的价格确定，酒店支付给 OTA 的单位佣金就可以确定。因此，OTA 随后根据酒店客房价格判断佣金从而决定其最优努力水平。总结而言，酒店与 OTA 之间的博弈顺序为：

第 1 步：酒店决定超售量 l 和客房价格 p。此时佣金为 $\omega = \theta p$。

第 2 步：OTA 决定其努力水平 e。

第 3 步：酒店和 OTA 分别接收传统顾客和网络顾客的客房预订。

第 4 步：入住当天，酒店为传统顾客和网络顾客提供住宿，当到达的顾客数量超过客房容量时，酒店不得不拒绝部分顾客入住并向他们提供补偿。

第 5 步：OTA 根据合同规定从酒店索取佣金报酬。

酒店和 OTA 都通过最大化各自期望收益做出最优决策。应用逆向归纳法求解。首先，OTA 根据房价判断酒店支付的佣金，从而决定其最优努力水平。给定 $\omega = \theta p$，OTA 通过最大化公式（9.2）得到其唯一最优努力水平为

$$e^* = \tau \gamma \theta p \tag{9.6}$$

其中，$\tau = \int_{\underline{\beta}}^{\overline{\beta}} \beta g(\beta) \, \mathrm{d}\beta$。

公式（9.6）表明 OTA 的努力水平与客房价格密切相关。在佣金比例系数 θ 一定的情况下，客房价格越高，意味着 OTA 获得的单位佣金越高，此时 OTA 愿意付出更多的努力来吸引网络顾客。

另外，酒店推断 OTA 针对其提供的佣金做出如公式（9.6）的反应后，反过来决定其超售量和客房价格。酒店通过最大化其收益函数，即公式（9.1），获得最优决策。以下命题给出了酒店的最优决策（l^*, p^*）。

命题 9.1 酒店的最优超售量和最优客房价格由以下两个公式给定

$$\int_{\frac{C}{C+l^*}}^{\bar{\beta}} \beta g(\beta)\,\mathrm{d}\beta = \frac{\tau p^*}{p^* + v_1 + v_2} \tag{9.7}$$

$$\frac{\tau(v_1 + v_2)}{p^* + v_1 + v_2}[l^* + (C - M)F(M)] + \tau\{C - \theta[a_2 - 2p^*(b_2 - \tau\gamma^2\theta) + \mu_2]\}$$

$$+ C[(1 - \tau)F(M) - F(N)] + \tau\int_A^N \varepsilon f(\varepsilon)\,\mathrm{d}\varepsilon + \int_N^M\left[\int_{\underline{\beta}}^{\zeta}\beta g(\beta)\,\mathrm{d}\beta\right]\varepsilon f(\varepsilon)\,\mathrm{d}\varepsilon$$

$$+ C\int_N^M G(\zeta)f(\varepsilon)\,\mathrm{d}\varepsilon + [a - (2p^* + v_1 + v_2)(b - \tau\gamma^2\theta)]$$

$$\int_N^M \frac{\zeta^3}{C}g(\zeta)F(\varepsilon)\,\mathrm{d}\varepsilon = 0 \tag{9.8}$$

其中，$M = C + l^* - a + p^*(b - \tau\gamma^2\theta)$，$N = C - a + p^*(b - \tau\gamma^2\theta)$，$\zeta = \dfrac{C}{a - p^*(b - \gamma^2\theta\tau) + \varepsilon}$。

根据公式（9.7）和公式（9.8），得到最优超售量 l^* 和最优客房价格 p^*。再根据两个决策者的收益函数，容易得到其最优收益分别为 π_s^* 和 π_o^*。

推论 9.1 房价越高，酒店的超售水平越高。

通常情况下，便利的服务和优越的入住条件需要酒店投入更高的固定成本，此时酒店希望尽量提高这些客房的入住率。因此，房价越高，酒店的超售水平也相对越高。此推论很容易根据公式（9.7）推导而出，证明省略。

9.4 酒店的顾客服务水平和实际超售的概率

酒店将超售策略视为提高客房入住率从而提高收益的有效手段。然而，当入住日期到达的顾客数量超过客房的容量时，即实际超售的情况发生，酒店不得不拒绝部分顾客入住。顾客成功预定却不能入住的情况可能给顾客带来重大的损失，比如错过重要的会议、导致工作计划变更等。为了帮助顾客进一步理解酒店的超售行为，接下来计算顾客无法成功享受预订的服务的概率。此外，为了帮助酒店调整其超售策略，根据第 9.3 节得到的最优解计算酒店的超售策略。

首先，给出相关变量符号的定义，具体如表 9.1 所示。

表 9.1 相关符号定义

变量符号	定义
P_n	有 n 位顾客被拒绝的概率，其中 $n = 0, 1, \cdots, l$
n_E	被拒绝的顾客的期望数量，且 $n_E = \sum\limits_{n=1}^{l} nP_n$
r_E	拒绝比例，且 $r_E = n_E / (C + l)$
ρ_E	顾客服务水平，$\rho_E = 1 - r_E$
$\bar{\rho}$	酒店希望达到的顾客服务水平

根据命题 9.1 得到的超售量 l，计算 n 位顾客被拒绝的概率 P_n 为

$$P_n = \sum_{y=c}^{c+l} (p_y \times P_y^n)$$

其中，p_y 代表酒店接收 y 个订单的概率，而 P_y^n 代表酒店接收 y 个订单的前提下入住日期有 $(C+n)$ 个顾客到达的概率。由于本章假设顾客的需求 D 和出现率 β 都是连续变量，本章采用圆整的方法计算 p_y 和 P_y^n，即

$$p_y = \mathrm{P}\{y - 0.5 \leqslant D < y + 0.5\} = F(y + 0.5) - F(y - 0.5)$$

$$P_y^n = \mathrm{P}\{C + n - 0.5 \leqslant \beta y < C + n + 0.5\} = G\left(\frac{C + n + 0.5}{y}\right) - G\left(\frac{C + n - 0.5}{y}\right)$$

其中，$F(\varepsilon)$ 和 $G(\beta)$ 分别是 ε 和 β 的分布累积函数。

设基准参数值为：酒店的客房容量为 $C = 150$，佣金比例系数 $\theta = 18\%$，成功下订单的顾客出现率 β 服从区间 $[0.9, 1]$ 上的均匀分布。传统顾客和网络顾客的需求函数分别为 $D_1 = 225 - 1.25p + \varepsilon_1$ 和 $D_2 = 225 - 1.8p + 0.5e + \varepsilon_2$，其中 ε_2 的期望值 $\mu_2 = 0$。因此，酒店的总需求为 $D = 450 - 3.05p + 0.5e + \varepsilon$，其中随机变量 ε 服从均值 $\mu = 0$、方差 $\sigma^2 = 15^2$ 的正态分布。每位被拒绝的顾客给酒店带来的声誉损失假设为 $v_1 = 50$，v_2 的值的变化如表 9.2 所示。根据命题 9.1 给出的均衡解，计算出不同现金赔偿下顾客被拒绝的概率，求解方法被拒绝的顾客的期望数量和期望拒绝比例以及酒店的顾客服务水平如表 9.3 所示。

表9.2   顾客被拒绝的概率   单位：%

P_n	$v_2 = 0$	$v_2 = p$	$v_2 = 2p$	$v_2 = 3p$	$v_2 = 4p$	$v_2 = 5p$	$v_2 = 6p$	$v_2 = 7p$
P_0	64.24	77.35	85.05	89.14	89.27	93.38	93.42	93.45
P_1	4.73	4.65	4.56	4.51	4.46	4.45	4.43	4.41
P_2	4.52	4.42	4.33	4.27	4.22	2.17	2.15	2.14
P_3	4.30	4.18	4.08	2.07	2.05	—	—	—
P_4	4.07	3.94	1.98	—	—	—	—	—
P_5	3.83	3.69	—	—	—	—	—	—
P_6	3.58	1.78	—	—	—	—	—	—
P_7	3.33	—	—	—	—	—	—	—
P_8	3.08	—	—	—	—	—	—	—
P_9	2.89	—	—	—	—	—	—	—
P_{10}	1.41	—	—	—	—	—	—	—
合计	1.00	1.00	1.00	1.00	1.00	1.00	1.00	1.00

表 9.3　　被拒绝的顾客的期望数量、期望拒绝比例以及酒店的顾客服务水平

项目	$v_2 = 0$	$v_2 = p$	$v_2 = 2p$	$v_2 = 3p$	$v_2 = 4p$	$v_2 = 5p$	$v_2 = 6p$	$v_2 = 7p$
n_E	1.718	0.709	0.334	0.193	0.190	0.088	0.087	0.087
r_E	1.074%	0.454%	0.217%	0.126%	0.124%	0.058%	0.057%	0.057%
ρ_E	98.93%	99.55%	99.78%	99.87%	99.88%	99.94%	99.94%	99.94%

表 9.2 表明,现金赔偿对超售量和顾客被拒绝服务的概率影响很大。具体来说,首先,当酒店支付给被拒绝的顾客的现金赔偿增加时,酒店降低超售水平以降低实际超售的风险,从而减少声誉损失和现金赔偿。其次,当酒店承诺支付的现金赔偿更高时,顾客能够成功入住酒店的概率会增加。这是因为,现金赔偿提高时,酒店设定的超售量降低,此时酒店接收的订单总数更少,入住日期到达酒店的顾客数量减少,使顾客成功入住酒店的概率增加。通过计算表明,当现金赔偿金超过一定额度时,即 $v_2 > 30p$ 时,酒店将放弃采用超售策略,此时所有提前预订客房的顾客都能成功入住酒店。

表 9.3 表明被拒绝的顾客的期望数量、期望拒绝比例和酒店的顾客服务水平都随着现金赔偿的升高而降低。具体来说,酒店支付给被拒绝的顾客的赔偿金越高,意味着酒店每拒绝一个顾客所承受的损失越大,此时酒店将降低其超售量,从而使被拒绝的顾客的期望数量和拒绝比例降低,酒店的顾客服务水平提高。

表 9.3 的意义体现在以下两个方面:

一方面,酒店将实际的顾客服务水平与期望达到的顾客服务水平相比较,从而调整其超售策略。换句话说,如果此时的 $\rho_E > \bar{\rho}$,酒店可以适当提高超售量,从而提高客房入住率;反之,如果 $\rho_E < \bar{\rho}$,酒店必须降低其超售量,从而提高顾客服务水平。

另一方面,顾客可以观察酒店承诺的赔偿金,从而推断入住日期能够成功入住酒店的概率,并选择合适的酒店。例如,如果酒店承诺的赔偿金

是客房价格的两倍，顾客被拒绝的预期概率是 0.217% 。当酒店承诺的赔偿金高于客房价格的五倍时，提前预订客房的顾客能够成功入住酒店的概率高达 99.94% 。因此，如果顾客不希望耽误行程，比如不能错过重要会议，建议选择承诺赔偿金更高的酒店。

9.5　本章小结

酒店采用超售策略应对顾客临时取消订单或失约的情况，从而最大化客房入住率。然而，超售可能使入住日期到达酒店的顾客数量超过客房容量，导致酒店不得不拒绝部分顾客入住。这种拒绝行为不仅给酒店带来声誉和金钱损失，也给顾客带来不便，甚至可能造成不可估量的损失。为了帮助顾客更深刻地理解酒店的超售行为，本章在计算出酒店的最优超售策略后，进一步分析了顾客成功下订单后被酒店拒绝的概率。此外，为了方便酒店调整其超售策略，本章计算了不同赔偿金情况下酒店的顾客服务水平。这似乎是第一次从实际超售的角度分析酒店超售策略的研究。

研究结果表明：第一，酒店的最优超售量随着酒店支付的现金赔偿的增加而降低。这个结论与上一章的研究结论相同。第二，现金赔偿越高，酒店的顾客服务水平越高，顾客能够成功入住酒店的概率也越大。举例来说，表9.2表明，当酒店承诺的现金赔偿金额是酒店客房房价的五倍时，酒店能够为所有到达的顾客提供住宿的概率高达 93.38% ，而赔偿金额为零时，此概率仅为 64.24% 。

根据文章的结论，得出以下管理启示。

首先，酒店实施超售策略后，计算实际的顾客服务水平，并将其与希望达到的服务水平进行比较，从而反过来调整酒店的超售策略。简单来说，即当实际顾客服务水平高于目标水平时，酒店可以适当提高超售量从而提高客房入住率；否则，适当降低超售水平以降低顾客被拒绝的概率，从而提高客户忠诚度。

其次，顾客可以根据酒店提供的现金补偿来估计被拒绝入住的概率，从而选择合适的酒店，并合理安排行程。从酒店的利益出发，托赫和德凯（Toh & Dekay，2002）建议酒店应该在顾客预订客房时，告知他们如果临时取消订单必须向酒店支付一定的罚金，从而降低顾客失约的概率。然而，从顾客的利益出发，他们同样建议酒店应该在顾客预订客房时，告知不能为他们提供住宿时支付的赔偿金。因此，顾客可以根据这个金额估计不能入住的概率。算例分析表明，当酒店承诺支付的赔偿金高于房价的三倍时，顾客能够成功享受其预订服务的概率高达 99.94%。

本章可能存在的不足表现在以下几个方面：第一，本章在静态超售策略的情况下分析了酒店的顾客服务水平和顾客不能成功入住酒店的概率。考虑到需求会随时间发生变化，酒店的动态超售策略更值得研究。第二，本章仅考虑酒店不能为顾客提供住宿时带来的声誉损失和金钱损失，进一步分析这种拒绝行为对市场需求的影响更有意义。第三，本章考虑一家酒店与一家 OTA 之间的合作问题，将模型拓展到多家酒店与多家 OTA 合作的情况更具有实际意义。

第 10 章

总结与展望

本章在总结本书研究工作的基础上，分析本书的不足之处，然后针对这些不足给出未来的研究方向。

10.1　总　　结

随着电子商务的普及，在线营销在酒店营销系统中的作用越来越重要。除了酒店的自营网站，酒店还通过与第三方中介合作进行客房销售。OTA作为规模最大的第三方中介，不仅拓宽了酒店的在线市场，对于酒店品牌的宣传也发挥了重要作用。然而，酒店与OTA的合作是建立在酒店向OTA支付一定佣金或者酒店获得比房价更低的批发价的基础上。因此，这种合作导致了酒店的自营渠道与OTA之间的竞争。本书在这种背景下，从酒店客房分配策略、定价策略、取消政策、超售策略四个角度分析与OTA合作背景下酒店的收益管理。本书研究创新之处和研究结果具体体现在以下几个方面。

（1）酒店与OTA合作面临两难的困境：如果预留较少的客房给OTA销售，酒店的自营渠道可能无法将剩余的客房售完，造成客房入住率低从而降低收益；如果预留较多的客房给OTA销售，则酒店必须向OTA支付高额佣金，虽然可能提高入住率但佣金的增加会降低酒店的收益。因此，酒店必须在酒店的自营渠道和 OTA 之间合理分配客房，使客房入住率提高的同时酒店的收益达到最大。本书第 3 章提出一种简单有效的方法来优化客房在酒店自营渠道和 OTA 之间的分配。具体方法为：首先，客房预订初期，酒店和 OTA 同时销售客房；一段时间后，酒店根据收到的订单情况，对传统顾客和网站顾客未来的需求进行预测，并通过最大化其收益计算出不再向 OTA 提供客房销售的最佳时间点。如果得到的最佳时间点即为预测时间点，酒店即刻向 OTA 宣布没有客房供其销售；否则，酒店继续与 OTA 合作，并更新收到的订单数据库，重新计算出新的最优时刻。如此反复，最终得到准确的解。算例分析验证了本书提供的方法能够有效提高酒店的收益。

（2）旅行套餐通常包括酒店客房、机票、租车、景点门票等各种服务。旅行套餐的价格往往比其中各种服务价格之和低。此外，由于预订旅行套餐能同时满足顾客的各种需求，对于很多顾客来说，旅行套餐是经济且便利的选择。因此，鉴于其经济性和便利性，OTA 提供的旅行套餐广受顾客欢迎。本书第 4 章建立酒店与 OTA 之间的斯坦伯格博弈模型，分析酒店如何与 OTA 合作经营旅行套餐，从而决定分配 OTA 的旅行套餐的最优客房数量。考虑到 OTA 在与酒店的合作过程中，其议价能力越来越强，本书采用修正的净价模式描述酒店与 OTA 之间的合作。具体来说，OTA 取代酒店成为博弈领导者，主动对酒店客房的批发价进行叫价；随后，作为博弈跟随者的酒店根据 OTA 的叫价决定预留给旅行套餐的客房数量。通过对得到的最优解进行分析发现，当合作酒店的客房入住率比较低，或者传统顾客需求不稳定时，OTA 叫价的批发价较低。与此同时，这些酒店通常预留较多客房给旅行社的旅行套餐。这个结论表明，为了提高客房的批发价，酒店应该采取措施引导顾客通过其自营渠道预订客房，从而增加传统顾客的需求，并向传统顾客提供一定的优惠来提高顾客忠诚度，从而维持稳定的客源。其次，研究表明，如果决策之前酒店的房价对 OTA 不透明，OTA 能够应用启示性原则设计一组合同套餐，诱使酒店披露真实的房价信息。最后，文章分析 OTA 与多家相互竞争的酒店合作的情形，并得到一个有意思的结论，即：获得更高批发价的酒店不一定预留更多客房给 OTA，因为酒店预留给 OTA 的客房数量不仅受批发价的影响，还受酒店客房的入住率的影响。

（3）考虑到大部分中小型酒店缺乏自有官方网站，因此极度依赖 OTA 平台进行客房销售。本研究第 5 章、第 6 章在假设 OTA 与酒店采用净价模式合作的基础上，深入分析了双方之间的最优定价策略。通过对比合作与不合作两种情形下酒店与 OTA 的收益情况，研究发现这种合作模式能够有效提升双方的收益水平，从而充分证明了酒店与 OTA 之间合作的必要性。

（4）顾客晚取消和未出现对酒店及 OTA 造成了重大影响，引发了巨额的财务损失。针对这一问题，本书第 7 章在 OTA 与酒店合作的框架下，提出了针对同质酒店客房实施不同取消政策（即可取消和不可取消）的个性化定价策略，并深入分析了该策略在何种条件下能够增加双方的收入。为此，本书构建了酒店和 OTA 之间的斯坦伯格博弈模型，以确定最优的个性化价格。研究结果显示，得益于房价的提升和 OTA 需求的增长，这种个性化定价策略能够有效地增加酒店的收入。然而，OTA 的收入改善则受限于酒店散客需求的大小和稳定性，并且这一改善还受到渠道内和跨渠道需求泄露效应的显著影响。

（5）部分成功下订单的顾客可能很晚取消订单或者在不通知酒店的情况下失约。由于酒店客房具有易逝性，即不存在残值，不能预留到将来销售，客房一旦空置将不能给酒店带来任何收益。因此，酒店通常采用超售策略来提高客房入住率。本书第 8 章在酒店与 OTA 合作的背景下，分析酒店如何做出最优定价策略和超售策略，并分析它们对酒店与 OTA 之间的合作过程的影响。研究发现：第一，赔偿系数对酒店的定价策略影响甚微，但是会使超售量急剧降低。赔偿系数增大时，酒店实际超售的风险增加。为了降低这种风险，酒店降低其超售量，此时各 OTA 的努力水平也会相应降低。第二，在给定的市场规模下，酒店的努力程度只影响酒店和各 OTA 的市场份额，而不影响酒店的定价和超售策略。也就是说，酒店的努力水平提高时，酒店的市场份额增加，而各 OTA 的市场份额相应减少。第三，超售策略能改善酒店和各 OTA 的收益，且酒店的收益提升的幅度大于 OTA；然而，超售策略下 OTA 的收益提升比例高于酒店。在算例分析中，OTA 1 和 OTA 2 的收益提高比例分别为 5.26% 和 5.21%，而酒店的收益提高比例仅为 4.20%。这是因为酒店作为超售策略的实施者必须承担超售的风险，即向被拒绝的顾客支付赔偿金。

（6）很多学者研究如何制定最优超售策略来提高酒店客房的入住率从而提高酒店收益。然而，超售策略是把"双刃剑"，在提高入住率的同时可能会造成酒店的实际超售，即入住日期到达酒店的顾客数量大于客房容量，导致酒店不得不拒绝部分顾客。酒店的这种行为可能给顾客带来糟糕的体验，从而损害酒店的声誉。因此，本书第 9 章首次从超售的风险即实际超售的角度出发，计算酒店的顾客服务水平和提前预订客房的顾客由于酒店超售而被拒绝入住的概率。一方面，酒店将实际的顾客服务水平与期望达到的顾客服务水平进行比较，从而进一步调整超售策略。具体来说，当实际的顾客服务水平小于顾客服务水平目标时，酒店必须减少超售量以降低实际超售风险；否则，酒店可以适当提升超售水平以提高客房入住率。另一方面，本书建议顾客可以通过观察酒店承诺的赔偿金额，估计能够成功入住酒店的概率，从而选择合适的酒店并合理安排行程。本章的创新之处在于首次从实际超售的角度分析酒店的超售策略。

10.2 展　　望

本书在酒店与 OTA 合作背景下，从客房分配管理、定价策略、客房取消政策、超售策略分析酒店的收益管理。然而，本书也存在不足之处有待完善。

（1）在最优化酒店客房在酒店的自营渠道和 OTA 之间的分配时，仅从酒店收益最大化的角度考虑客房的分配，没有考虑 OTA 与酒店的博弈过程。事实上，随着信息技术的发展，在酒店与 OTA 的合作过程中，OTA 的议价能力逐渐增强，因此酒店的决策通常受 OTA 的影响。因此，未来的研究可以从博弈角度分析客房在两种渠道之间的分配。

（2）随着信息技术的发展，动态优化方法逐渐代替了静态优化，决策者通常根据环境变化实时调整决策。因此，从动态角度最优化酒店的定价方案和超售策略值得探讨。

（3）本书假设酒店所有的客房同质，未来的研究可以拓展到多种房型（如经济房、商务房）的情况。此时，酒店可以通过升级（upgrade）或者降级（downgrade）策略重新合理安排客房。这种方法能提高客房的总体入住率。

（4）近年来消费者行为成为研究热点。未来的研究可以将顾客的购买行为考虑在内，分析顾客购买行为对酒店/OTA 的决策的影响，从而为酒店/OTA 提供更多管理启示。

参考文献

［1］ 李罗. (2006). 酒店收益管理的客房分配研究. 成都：西南交通大学.

［2］ 易观分析. (2024). 中国在线旅游市场年度报告 2024. https：//www.
analysys. cn/article/detail/20021164 (2024 - 07 - 04).

［3］ Abrate, G. , Nicolau, J. L. , & Viglia, G. (2019). The impact of dy-
namic price variability on revenue maximization. Tourism Management, 74：
224 - 233.

［4］ Álvarez-Albelo, C. D. , Hernández-Martín, R. , & Padrón-Fumero, N.
(2020). The effects on tourism of airfare subsidies for residents：the key
role of packaging strategies. Journal of Air Transport Management, 84,
101772.

［5］ Alfarhan, U. F. , Nusair, K. , Al-Azri, H. , Al-Muharrami, S. , & Hua,
N. (2022). Measuring the effects of tourists' relative willingness to spend and
third-degree price discrimination on inbound tourism expenditure differenti-
als. Tourism Economics, 28 (8)：2126 - 2153.

［6］ Alpízar, F. (2006). The pricing of protected areas in nature-based tourism：
a local perspective. Ecological Economics, 56 (2)：294 - 307.

［7］ Alvarez-Diaz, M. , Mateu-Sbert, J. , & Rossello-Nadal, J. (2009).
Forecasting tourist arrivals to Balearic Islands using genetic programming. In-
ternational Journal of Computational Economics and Econometrics, 1 (1)：

64 – 75.

[8] Amaldoss, W. , & He, C. (2019). The charm of behavior-based pricing: When consumers' taste is diverse and the consideration set is limited. Journal of Marketing Research, 56 (5): 767 – 790.

[9] Amiri, A. (2006). Designing a distribution network in a supply chain system: Formulation and efficient solution procedure. European Journal of Operational Research, 171 (2): 567 – 576.

[10] Anderson, C. K. , & Xie, X. (2010). Improving hospitality industry sales: Twenty-five years of revenue management. Cornell Hospitality Quarterly, 51 (1): 53 – 67.

[11] Arenoe, B. , & van der Rest, J. P. I. (2020). Does willingness to pay for rate conditions depend on the booking window? A novel Time-Dependent conjoint analysis approach. Cornell Hospitality Quarterly, 61 (2): 213 – 222.

[12] Aziz, H. A. , Saleh, M. , Rasmy, M. H. , & ElShishiny, H. (2011). Dynamic room pricing model for hotel revenue management systems. Egyptian Informatics Journal, 12 (3): 177 – 183.

[13] Baker, T. K. , & Collier, D. A. (2003). The benefits of optimizing prices to manage demand in hotel revenue management systems. Production and Operations Management, 12 (4): 502 – 518.

[14] Barth, J. E. (2002). Yield management: Opportunities for private club managers. International Journal of Contemporary Hospitality Management, 14 (3): 136 – 141.

[15] Baum, T. , & Mudambi, R. (1995). An empirical analysis of oligopolistic hotel pricing. Annals of Tourism Research, 22 (3): 501 – 516.

[16] Bayoumi, A. E. M. , Saleh, M. , Atiya, A. F. , & Aziz, H. A. (2013). Dynamic pricing for hotel revenue management using price multipliers.

Journal of Revenue & Pricing Management, 12 (3): 271 – 285.

[17] Benítez-Aurioles, B. (2018). Why are flexible booking policies priced negatively? Tourism Management, 67: 312 – 325.

[18] Bergantino, A. S., & Capozza, C. (2015). One price for all? Price discrimination and market captivity: Evidence from the Italian city-pair markets. Transportation Research Part A: Policy and Practice, 75: 231 – 244.

[19] Beritelli, P. (2011). Cooperation among prominent actors in a tourist destination. Annals of Tourism Research, 38 (2): 607 – 629.

[20] Bertsekas, D. P. (1997). Nonlinear programming. Journal of the Operational Research Society, 48 (3): 334 – 334.

[21] Bitran, G. R., & Gilbert, S. M. (1996). Managing hotel reservations with uncertain arrivals. Operations Research, 44 (1): 35 – 49.

[22] Bitran, G. R., & Mondschein, S. V. (1995). An application of yield management to the hotel industry considering multiple day stays. Operations Research, 43 (3): 427 – 443.

[23] Boffa, F., & Succurro, M. (2012). The impact of search cost reduction on seasonality. Annals of Tourism Research, 39 (2): 1176 – 1198.

[24] Bowen, J. T. (1998). Market segmentation in hospitality research: No longer a sequential process. International Journal of Contemporary Hospitality Management, 10 (7): 289 – 296.

[25] Bramwell, B., & Lane, B. (2000). Collaboration and partnerships in tourism planning: channel View Publications.

[26] Buhalis, D., & Law, R. (2008). Progress in information technology and tourism management: 20 years on and 10 years after the Internet—The state of eTourism research. Tourism Management, 29 (4): 609 – 623.

[27] Buhalis, D. (2000). Relationships in the distribution channel of tourism:

conflicts between hoteliers and tour operators in the mediterranean region. International Journal of Hospitality & Tourism Administration, 1 (1): 113 – 139.

[28] Burger, C., Dohnal, M., Kathrada, M., & Law, R. (2001). A practitioners guide to time-series methods for tourism demand forecasting— A case study of Durban, South Africa. Tourism Management, 22 (4): 403 – 409.

[29] Byrd, E. T. (2007). Stakeholders in sustainable tourism development and their roles: Applying stakeholder theory to sustainable tourism develop-ment. Tourism Review, 62 (2): 6 – 13.

[30] Cachon, G. P., & Lariviere, M. A. (2005). Supply chain coordination with revenue-sharing contracts: Strengths and limitations. Management Sci-ence, 51 (1): 30 – 44.

[31] Campo, S., & Yagüe, M. J. (2007). The formation of the tourist's loyal-ty to the tourism distribution channel: How does it affect price discounts? International Journal of Tourism Research, 9 (6): 453 – 464.

[32] Carroll, B., & Siguaw, J. (2003). The evolution of electronic distribu-tion: effects on hotels and intermediaries. The Cornell Hotel and Restau-rant Administration Quarterly, 44 (4): 38 – 50.

[33] Chang, Y. W., Hsu, P. Y., & Lan, Y. C. (2019). Cooperation and competition between online travel agencies and hotels. Tourism Manage-ment, 71: 187 – 196.

[34] Chathoth, P. K., & Olsen, M. D. (2003). Strategic alliances: A hospi-tality industry perspective. International Journal of Hospitality Management, 22 (4): 419 – 434.

[35] Chatwin, R. E. (1999). Continuous-time airline overbooking with time-de-pendent fares and refunds. Transportation Science, 33 (2): 182 – 191.

[36] Chatwin, R. E. (1998). Multiperiod airline overbooking with a single fare class. Operations Research, 46 (6): 805 – 819.

[37] Chatwin, R. E. (1996). Multi-period airline overbooking with multiple fare classes. Naval Research Logistics, 43 (5): 603 – 612.

[38] Chen, C. C. (2016). Cancellation policies in the hotel, airline and restaurant industries. Journal of Revenue and Pricing Management, 15 (3): 270 – 275.

[39] Chen, C. C., Schwartz, Z., & Vargas, P. (2011). The search for the best deal: How hotel cancellation policies affect the search and booking decisions of deal-seeking customers. International Journal of Hospitality Management, 30 (1): 129 – 135.

[40] Chen, C. C., & Xie, K. (2013). Differentiation of cancellation policies in the U. S. hotel industry. International Journal of Hospitality Management, 34: 66 – 72.

[41] Chen, C., & Kachani, S. (2007). Forecasting and optimisation for hotel revenue management. Journal of Revenue and Pricing Management, 6 (3): 163 – 174.

[42] Chen, M., & Chuang, C. (2000). An extended newsboy problem with shortage-level constraints. International Journal of Production Economics, 67 (3): 269 – 277.

[43] Choe, C., King, S., & Matsushima, N. (2018). Pricing with cookies: Behavior-based price discrimination and spatial competition. Management Science, 64 (12): 5669 – 5687.

[44] Choi, I. Y., Ryu, Y. U., & Kim, J. K. (2021). A recommender system based on personal constraints for smart tourism city. Asia Pacific Journal of Tourism Research, 26 (4): 440 – 453.

[45] Choi, S., & Mattila, A. S. (2004). Hotel revenue management and its

impact on customers' perceptions of fairness. Journal of Revenue and Pricing Management, 2 (4): 303 – 314.

[46] Choi, S. , & Mattila, A. S. (2005). Impact of information on customer fairness perceptions of hotel revenue management. Cornell Hospitality Quarterly, 46 (4): 444 – 451.

[47] Christodoulidou, N. , Brewer, P. , Feinstein, A. H. , & Bai, B. (2007). Electronic channels of distribution: challenges and solutions for hotel operators. Hospitality Review, 25 (2): 8.

[48] Chung, Y. K. (2000). Hotel room rate pricing strategy for market share in oligopolistic competition—eight-year longitudinal study of super deluxe hotels in Seoul. Tourism Management, 21 (2): 135 – 145.

[49] Clemons, E. K. , Gu, B. , & Lang, K. R. (2002). Newly vulnerable markets in an age of pure information products: an analysis of online music and online news. Journal of Management Information Systems, 19 (3): 17 – 41.

[50] Cohen, E. (2002). Authenticity, equity and sustainability in tourism. Journal of Sustainable Tourism, 10 (4): 267 – 276.

[51] Collins, M. , & Parsa, H. (2006). Pricing strategies to maximize revenues in the lodging industry. International Journal of Hospitality Management, 25 (1): 91 – 107.

[52] Corbett, C. J. , & Groote, X. D. (2000). A supplier's optimal quantity discount policy under asymmetric information. Management Science, 46 (3): 444 – 450.

[53] Corbett, C. J. , Zhou, D. , & Tang, C. S. (2004). Designing supply contracts: contract type and information asymmetry. Management Science, 50 (4): 550 – 559.

[54] Czernek, K. (2013). Determinants of cooperation in a tourist region. An-

nals of Tourism Research, 40: 83 – 104.

[55] DeKay, F. , Yates, B. , & Toh, R. S. (2004). Non-performance penalties in the hotel industry. International Journal of Hospitality Management, 23 (3): 273 – 286.

[56] Demirciftci, T. , Cobanoglu, C. , Beldona, S. , & Cummings, P. R. (2010). Room rate parity analysis across different hotel distribution channels in the US. Journal of Hospitality Marketing & Management, 19 (4): 295 – 308.

[57] Denizci Guillet, B. , Law, R. , & Xiao, Q. (2014). Rate fences in hotel revenue management and their applications to Chinese leisure travelers: a fractional factorial design approach. Cornell Hospitality Quarterly, 55 (2): 186 – 196.

[58] Dickson, D. R. , Ford, R. C. , & Upchurch, R. (2006). A case study in hotel organizational alignment. International Journal of Hospitality Management, 25 (3): 463 – 477.

[59] Dong, Y. , Ling, L. , & Guo, X. (2014). Travel package modeling: Optimal bidding strategy of tour operator to cooperative hotels. Asia Pacific Journal of Tourism Research, 19 (12): 1417 – 1440.

[60] Elwakil, O. S. , Windle, R. J. , & Dresner, M. E. (2013). Transborder demand leakage and the US-Canadian air passenger market. Transportation Research Part E: Logistics and Transportation Review, 57: 45 – 57.

[61] Escobari, D. , & Jindapon, P. (2014). Price discrimination through refund contracts in airlines. International Journal of Industrial Organization, 34: 1 – 8.

[62] Espinet-Rius, J. M. , Fluvià-Font, M. , Rigall-Torrent, R. , & Oliveras-Corominas, A. (2018). Cruise tourism: A hedonic pricing approach. European Journal of Management and Business Economics, 27

（1）：101 – 122.

［63］ Esteves, R. B. , Liu, Q. , & Shuai, J. （2022）. Behavior-based price discrimination with nonuniform distribution of consumer preferences. Journal of Economics & Management Strategy, 31 （2）：324 – 355.

［64］ Falk, M. , & Vieru, M. （2018）. Modelling the cancellation behaviour of hotel guests. International Journal of Contemporary Hospitality Management, 30 （10）：3100 – 3116.

［65］ Fleischer, A. , & Buccola, S. （2002）. War, terror, and the tourism market in Israel. Applied Economics, 34 （11）：1335 – 1343.

［66］ Fudenberg, D. , & Tirole, J. （1991）. Perfect Bayesian equilibrium and sequential equilibrium. Journal of Economic Theory, 53 （2）：236 – 260.

［67］ Gazzoli, G. , Gon Kim, W. , & Palakurthi, R. （2008）. Online distribution strategies and competition：Are the global hotel companies getting it right? International Journal of Contemporary Hospitality Management, 20 （4）：375 – 387.

［68］ Gilbert, D. C. , Beveridge, D. W. , & Lee-Kelley, L. （2005）. Electronic distribution of hotel rooms-an exploratory study of the European hotel industry. Journal of Hospitality & Leisure Marketing, 12 （3）：45 – 61.

［69］ Gregory, S. , & Breiter, D. （2001）. Leveling the playing field：E-marketing's impact on lodging operations. Journal of Hospitality & Leisure Marketing, 7 （4）：45 – 60.

［70］ Guiltinan, J. P. （1987）. The price bundling of Services：A normative framework. The Journal of Marketing, 51 （2）：74 – 85.

［71］ Guo, L. （2009）. Service cancellation and competitive refund policy. Marketing Science, 28 （5）：901 – 917.

［72］ Guo, X. , Dong, Y. , & Ling, L. （2016a）. Customer perspective on overbooking: The failure of customers to enjoy their reserved services, accidental or intended? Journal of Air Transport Management, 53: 65 – 72.

[73] Guo, X., & He, L. (2012). Tourism supply-chain coordination: The cooperation between tourism hotel and tour operator. Tourism Economics, 18 (6): 1361 – 1376.

[74] Guo, X., Ling, L., Dong, Y., & Liang, L. (2013a). Cooperation contract in tourism supply chains: the optimal pricing strategy of hotels for cooperative third party strategic websites. Annals of Tourism Research, 41: 20 – 41.

[75] Guo, X., Ling, L., & Gao, Z. (2016b). Optimal pricing strategy for hotels when online travel agencies use customer cash backs: a game-theoretic approach. Journal of Revenue and Pricing Management, 15: 66 – 77.

[76] Guo, X., Ling, L., Yang, C., Li, Z., & Liang, L. (2013b). Optimal pricing strategy based on market segmentation for service products using online reservation systems: an application to hotel rooms. International Journal of Hospitality Management, 35: 274 – 281.

[77] Guo, X., Zheng, X., Ling, L., & Yang, C. (2014). Online coopetition between hotels and online travel agencies: from the perspective of cash back after stay. Tourism Management Perspectives, 12: 104 – 112.

[78] Gu, Z. (1997). Proposing a room pricing model for optimizing profitability. International Journal of Hospitality Management, 16 (3): 273 – 277.

[79] Ha, A. Y. (2001). Supplier-buyer contracting: Asymmetric cost information and cutoff level policy for buyer participation. Naval Research Logistics, 48 (1): 41 – 64.

[80] Hadjinicola, G. C., & Panayi, C. (1997). The overbooking problem in hotels with multiple tour-operators. International Journal of Operations &

Production Management, 17 (9): 874 – 885.

[81] Hannigan, J. A. (1980). Reservations cancelled: consumer complaints in the tourist industry. Annals of Tourism Research, 7 (3): 366 – 384.

[82] Heung, V. C. , & Chu, R. (2000). Important factors affecting Hong Kong consumers' choice of a travel agency for all-inclusive package tours. Journal of Travel Research, 39 (1): 52 – 59.

[83] Huang, K. , Liang, Y. Y. , & Chou, I. T. (2009). A dynamic programming model considering market segmentation and promotion for perishable-asset revenue management. In The Eastern Asia Society for Transportation Studies: Eastern Asia Society for Transportation Studies, 2009: 424.

[84] Huang, Y. , Ge, Y. , Zhang, X. , & Xu, Y. (2013). Overbooking for parallel flights with transference. International Journal of Production Economics, 144 (2): 582 – 589.

[85] Huang, Z. , & Li, S. X. (2001). Co-op advertising models in manufacturer-retailer supply chains: a game theory approach. European Journal of Operational Research, 135 (3): 527 – 544.

[86] Hung, W. T. , Shang, J. K. , & Wang, F. C. (2010). Pricing determinants in the hotel industry: quantile regression analysis. International Journal of Hospitality Management, 29 (3): 378 – 384.

[87] Hwang, J. , & Wen, L. (2009). The effect of perceived fairness toward hotel overbooking and compensation practices on customer loyalty. International Journal of Contemporary Hospitality Management, 21 (6): 659 – 675.

[88] Inversini, A. , & Masiero, L. (2014). Selling rooms online: the use of social media and online travel agents. International Journal of Contemporary Hospitality Management, 26 (2): 272 – 292.

[89] Israeli, A. A. (2002). Star rating and corporate affiliation: their influence

on room price and performance of hotels in Israel. International Journal of Hospitality Management, 21 (4): 405 – 424.

[90] Ivanov, S. (2006). Management of overbookings in the hotel industry-basic concepts and practical challenges. Tourism Today, 6: 19 – 32.

[91] Ivanov, S. (2012). Optimal Overbooking Limits for a 3-Room type Hotel with Upgrade and Downgrade Constraints. Available online: http: //ssrn. com/abstract = 2190042 (2013 – 08 – 18).

[92] Jamal, T. B. , & Getz, D. (1995). Collaboration theory and community tourism planning. Annals of Tourism Research, 22 (1): 186 – 204.

[93] Jang, Y. , Chen, C. C. , & Miao, L. (2019). Last-minute hotel-booking behavior: the impact of time on decision-making. Journal of Hospitality Tourism Management, 38: 49 – 57.

[94] Johnson, M. D. , Herrmann, A. , & Bauer, H. H. (1999). The effects of price bundling on consumer evaluations of product offerings. International Journal of Research in Marketing, 16 (2): 129 – 142.

[95] Kamien, M. I. , & Schwartz, N. L. (1981). Dynamic optimization: the calculus of variations and optimal control in economics and management. Amsterdam and New York: Elsevier Science Publishing Co. , Inc.

[96] Karaesmen, I. , & van Ryzin, G. (2004). Overbooking with substitutable inventory classes. Operations Research, 52 (1): 83 – 104.

[97] Karl, M. (2018). Risk and uncertainty in travel decision-making: tourist and destination perspective. Journal of Travel Research, 57 (1): 129 – 146.

[98] Kasilingam, R. G. (1997). An economic model for air cargo overbooking under stochastic capacity. Computers & Industrial Engineering, 32 (1): 221 – 226.

[99] Kim, D. J. , Kim, W. G. , & Han, J. S. (2007). A perceptual mapping

of online travel agencies and preference attributes. Tourism Management, 28 (2): 591 –603.

[100] Kimes, S. E. , & Chase, R. B. (1998). The strategic levers of yield management. Journal of Service Research, 1 (2): 156 –166.

[101] Kimes, S. E. (1999). The relationship between product quality and revenue per available room at Holiday Inn. Journal of Service Research, 2 (2): 138 –144.

[102] Kim, J. , Bojanic, D. C. , & Warnick, R. B. (2009). Price bundling and travel product pricing practices used by online channels of distribution. Journal of travel research, 47 (4): 403 –412.

[103] Kim, J. H. , Wang, Y. , & Song, H. (2021). Understanding the causes of negative tourism experiences. Current Issues in Tourism, 24 (3): 304 –320.

[104] Kim, W. G. , Han, J. , & Hyun, K. (2004). Multi-stage synthetic hotel pricing. Journal of Hospitality & Tourism Research, 28 (2): 166 –185.

[105] Klophaus, R. , & Pölt, S. (2007). Airline overbooking with dynamic spoilage costs. Journal of Revenue & Pricing Management, 6 (1): 9 –18.

[106] Koide, T. , & Ishii, H. (2005). The hotel yield management with two types of room prices, overbooking and cancellations. International Journal of Production Economics, 93: 417 –428.

[107] Koupriouchina, L. , van der Rest, J. P. , & Schwartz, Z. (2014). On revenue management and the use of occupancy forecasting error measures. International Journal of Hospitality Management, 41: 104 –114.

[108] Kracht, J. , & Wang, Y. (2010). Examining the tourism distribution channel: evolution and transformation. International Journal of Contemporary Hospitality Management, 22 (5): 736 –757.

[109] Ku, E. C. S. , Wu, W. C. , & Lin, A. R. (2011). Strategic alignment leverage between hotels and companies: the buyer-supplier relationship perspective. International Journal of Hospitality Management, 30 (3): 735 – 745.

[110] Ladany, S. P. , & Chou, F. S. (2001). Optimal yield policy with infiltration consideration. International Journal of Services Technology and Management, 2 (1): 4 – 17.

[111] Ladany, S. P. (1996). Optimal market segmentation of hotel rooms—the non-linear case. Omega, 24 (1): 29 – 36.

[112] Laffont, J. J. , & Tirole, J. (1993). A theory of incentives in procurement and regulation. , Landon: MIT Press. Cambridge: Landon: MIT Press.

[113] Lai, K. K. , & Ng, W. L. (2005). A stochastic approach to hotel revenue optimization. Computers & Operations Research, 32 (5): 1059 – 1072.

[114] Langenfeld, J. , & Li, W. (2008). Price discrimination and the cruise line industry: implications for market definition, competition, and consumer welfare. International Journal of the Economics of Business, 15 (1): 1 – 25.

[115] Laussel, D. , & Resende, J. (2022). When is product personalization profit-enhancing? A behavior-based discrimination model. Management Science, 68 (12): 8872 – 8888.

[116] Law, R. , Chan, I. , & Goh, C. (2007). Where to find the lowest hotel room rates on the Internet? The case of Hong Kong. International Journal of Contemporary Hospitality Management, 19 (6): 495 – 506.

[117] Law, R. , & Cheung, C. (2006). A study of the perceived importance of the overall website quality of different classes of hotels. International

Journal of Hospitality Management, 25 (3): 525 – 531.

[118] Law, R., & Wong, R. (2010). Analysing room rates and terms and conditions for the online booking of hotel rooms. Asia Pacific Journal of Tourism Research, 15 (1): 43 – 56.

[119] Lee, H. A., Denizci Guillet, B., & Law, R. (2013). An examination of the relationship between online travel agents and hotels: a case study of Choice Hotels International and Expedia. com. Cornell Hospitality Quarterly, 54 (1): 95 – 107.

[120] Lee, M. (2018). Modeling and forecasting hotel room demand based on advance booking information. Tourism Management, 66: 62 – 71.

[121] Lewis, R. C., & Shoemaker, S. (1997). Price-sensitivity measurement: a tool for the hospitality industry. The Cornell Hotel and Restaurant Administration Quarterly, 38 (2): 44 – 54.

[122] Li, B. (2013). A cruise line dynamic overbooking model with multiple cabin types from the view of real options. Cornell Hospitality Quarterly, 1938965513507126.

[123] Liberman, V., & Yechiali, U. (1978). On the hotel overbooking problem—An inventory system with stochastic cancellations. Management Science, 24 (11): 1117 – 1126.

[124] Li, K. J., & Jain, S. (2016). Behavior-based pricing: An analysis of the impact of peer-induced fairness. Management Science, 62 (9): 2705 – 2721.

[125] Li, K. W., & Law, R. (2007). A novel English/Chinese information retrieval approach in hotel website searching. Tourism Management, 28 (3): 777 – 787.

[126] Lim, C., Chang, C., & McAleer, M. (2009). Forecasting h(m)otel guest nights in New Zealand. International Journal of Hospitality Manage-

ment, 28 (2): 228 – 235.

[127] Lindenmeier, J. , & Tscheulin, D. K. (2008). The effects of inventory control and denied boarding on customer satisfaction: The case of capaci-ty-based airline revenue management. Tourism Management, 29 (1): 32 – 43.

[128] Ling, L. , Dong, Y. , Guo, X. , & Liang, L. (2015). Availability management of hotel rooms under cooperation with online travel agencies. International Journal of Hospitality Management, 50: 145 – 152.

[129] Ling, L. , Guo, X. , & Yang, C. (2014). Opening the online market-place: an examination of hotel pricing and travel agency online distribu-tion of rooms. Tourism Management, 45: 234 – 243.

[130] Little, J. D. (1979). Aggregate advertising models: The state of the art. Operations Research, 27 (4): 629 – 667.

[131] Liu, P. H. , Smith, S. , Orkin, E. B. , & Carey, G. (2002). Esti-mating unconstrained hotel demand based on censored booking data. Jour-nal of Revenue and Pricing Management, 1: 121 – 138.

[132] Lo, A. S. , Stalcup, L. D. , & Lee, A. (2010). Customer relationship management for hotels in Hong Kong. International Journal of Contempora-ry Hospitality Management, 22 (2): 139 – 159.

[133] Ma, C. (2009). E-collaboration: A Universal Key to Solve Fierce Com-petition in Tourism Industry? International Business Research, 1 (4): 65.

[134] Ma, J. , & Schwartz, Z. (2023). Revenue Analytics: The Problem With Fixed-Tier Pricing. Cornell Hospitality Quarterly, 64 (3): 289 – 297.

[135] Mansfeld, Y. , & Pizam, A. (2006). Tourism, terrorism, and civil unrest issues. Tourism, Security and Safety. Boston, Butterworth-Heine-

mann, 29 – 31.

[136] Masiero, L. , Heo, C. Y. , & Pan, B. (2015) . Determining guests' willingness to pay for hotel room attributes with a discrete choice model. International Journal of Hospitality Management, 49: 117 – 124.

[137] Masiero, L. , Viglia, G. , & Nieto-Garcia, M. (2020) . Strategic consumer behavior in online hotel booking. Annals of Tourism Research, 83: 102947.

[138] Mattila, A. S. , & O'Neill, J. W. (2003) . Relationships between hotel room pricing, occupancy, and guest satisfaction: a longitudinal case of a midscale hotel in the United States. Journal of Hospitality & Tourism Research, 27 （3）: 328 – 341.

[139] Mauri, A. G. (2012) . Hotel revenue management: principles and practices. Milan: McGraw-Hill.

[140] Mauri, A. G. (2007) . Yield management and perceptions of fairness in the hotel business. International Review of Economics, 54 （2）: 284 – 293.

[141] McGill, J. I. , & Van Ryzin, G. J. (1999) . Revenue management: research overview and prospects. Transportation Science, 33 （2）: 233 – 256.

[142] Medina-Muñoz, D. , & García-Falcón, J. M. (2000) . Successful relationships between hotels and agencies. Annals of Tourism Research, 27 （3）: 737 – 762.

[143] Medina-Muñoz, D. R. , García-Falcón, J. M. , & Medina-Muñoz, R. D. (2002) . Building the valuable connection: hotels and travel agents. The Cornell Hotel and Restaurant Administration Quarterly, 43 （3）: 46 – 52.

[144] Meidan, A. (1979) . Travel agency selection criteria. Journal of Travel

Research, 18 (1): 26 – 32.

[145] Mei, H., & Zhan, Z. (2013). An analysis of customer room choice model and revenue management practices in the hotel industry. International Journal of Hospitality Management, 33: 178 – 183.

[146] Moliner, M. A., Sánchez, J., Rodríguez, R. M., & Callarisa, L. (2007). Relationship quality with a travel agency: the influence of the postpurchase perceived value of a tourism package. Tourism and Hospitality Research, 7 (3 – 4): 194 – 211.

[147] Morosan, C., & Jeong, M. (2008). Users' perceptions of two types of hotel reservation Web sites. International Journal of Hospitality Management, 27 (2): 284 – 292.

[148] Morrison, A., Lynch, P., & Johns, N. (2004). International tourism networks. International Journal of Contemporary Hospitality Management, 16 (3): 197 – 202.

[149] Mukhopadhyay, S. K., Zhu, X., & Yue, X. (2008). Optimal contract design for mixed channels under information asymmetry. Production and Operations Management, 17 (6): 641 – 650.

[150] Munson, C. L., & Rosenblatt, M. J. (2001). Coordinating a three-level supply chain with quantity discounts. IIE transactions, 33 (5): 371 – 384.

[151] Myerson, R. B. (1979). Incentive Compatibility and the Bargaining Problem. Econometrica, 47 (1): 61 – 73.

[152] Myung, E., Li, L., & Bai, B. (2009). Managing the distribution channel relationship with e-wholesalers: hotel operators' perspective. Journal of Hospitality Marketing & Management, 18 (8): 811 – 828.

[153] Namin, A., Gauri, D. K., & Kwortnik, R. (2020). Improving revenue performance with third-degree price discrimination in the cruise indus-

try. International Journal of Hospitality Management, 89, 102597.

[154] Naylor, G., & Frank, K. E. (2001). The effect of price bundling on consumer perceptions of value. Journal of Services Marketing, 15 (4): 270 –281.

[155] Nelson, P. (2004). Travelocity tweaks hotel deals. Travel Weekly: the Choice of Travel Professionals, 24: 25.

[156] Noone, B. M., Kimes, S. E., & Renaghan, L. M. (2003). Integrating customer relationship management and revenue management: a hotel perspective. Journal of Revenue and Pricing Management, 2 (1): 7 –21.

[157] Noone, B. M., & Lee, C. H. (2011). Hotel overbooking: the effect of overcompensation on customers' reactions to denied service. Journal of Hospitality & Tourism Research, 35 (3): 334 –357.

[158] Noone, B. M., & Mattila, A. S. (2009). Hotel revenue management and the Internet: the effect of price presentation strategies on customers' willingness to book. International Journal of Hospitality Management, 28 (2): 272 –279.

[159] Noori-daryan, M., Taleizadeh, A. A., & Rabbani, M. (2020). Advance booking pricing in O2O commerce with demand leakage using game theory for tourism supply chains. International Journal of Production Research, 58 (22): 6739 –6774.

[160] O'connor, P. (2002). An empirical analysis of hotel chain online pricing strategies. Information Technology & Tourism, 5 (2): 65 –72.

[161] O'Connor, P., & Frew, A. J. (2004). An evaluation methodology for hotel electronic channels of distribution. International Journal of Hospitality Management, 23 (2): 179 –199.

[162] O'Connor, P., & Frew, A. J. (2002). The future of hotel electronic distribution: expert and industry perspectives. The Cornell Hotel and Res-

taurant Administration Quarterly, 43 (3): 33 – 45.

[163] O'Connor, P. , & Murphy, J. (2008). Hotel yield management prac-
tices across multiple electronic distribution channels. Information Technolo-
gy & Tourism, 10 (2): 161 – 172.

[164] O'Connor, P. , & Murphy, J. (2004). Research on information technol-
ogy in the hospitality industry. International Journal of Hospitality Manage-
ment, 23 (5): 473 – 484.

[165] O'Connor, P. (2003). On-line pricing: an analysis of hotel-company
practices. The Cornell Hotel and Restaurant Administration Quarterly, 44
(1): 88 – 96.

[166] O'Connor, P. , & Piccoli, G. (2003). Marketing hotels using global dis-
tribution systems revisited. The Cornell Hotel and Restaurant Administra-
tion Quarterly, 44 (5): 105 – 114.

[167] Oh, H. (2003). Price fairness and its asymmetric effects on overall price,
quality, and value judgments: the case of an upscale hotel. Tourism Man-
agement, 24 (4): 387 – 399.

[168] Pan, B. , Zhang, L. , & Law, R. (2013). The complex matter of on-
line hotel choice. Cornell Hospitality Quarterly, 54 (1): 74 – 83.

[169] Pansiri, J. (2013). Collaboration and partnership in tourism: the experi-
ence of Botswana. Tourism Planning & Development, 10 (1): 64 – 84.

[170] Park, Y. A. , Gretzel, U. , & Sirakaya-Turk, E. (2007). Measuring
web site quality for online travel agencies. Journal of Travel & Tourism
Marketing, 23 (1): 15 – 30.

[171] Pazgal, A. , & Soberman, D. (2008). Behavior-based discrimination:
is it a winning play, and if so, when? Marketing Science, 27 (6):
977 – 994.

[172] Phillips, R. L. (2005). Pricing and revenue optimization: Stanford Uni-

versity Press.

[173] Phumchusri, N. , & Maneesophon, P. (2014). Optimal overbooking decision for hotel rooms revenue management. Journal of Hospitality & Tourism Technology, 5 (3): 261 – 277.

[174] Piccoli, G. , Lui, T. W. , & Grün, B. (2017). The impact of IT-enabled customer service systems on service personalization, customer service perceptions, and hotel performance. Tourism Management, 59: 349 – 362.

[175] Pohjola, M. (1983). Nash and Stackelberg solutions in a differential game model of capitalism. Journal of Economic Dynamics and Control, 6: 173 – 186.

[176] Popescu, A. , Keskinocak, P. , Johnson, E. , LaDue, M. , & Kasilingam, R. (2006). Estimating air-cargo overbooking based on a discrete show-up-rate distribution. Interfaces, 36 (3): 248 – 258.

[177] Qin, Y. , Tang, H. , & Guo, C. (2007). Channel coordination and volume discounts with price-sensitive demand. International Journal of Production Economics, 105 (1): 43 – 53.

[178] Rajopadhye, M. , Ben Ghalia, M. , Wang, P. P. , Baker, T. , & Eister, C. V. (2001). Forecasting uncertain hotel room demand. Information Sciences, 132 (1 – 4): 1 – 11.

[179] Raza, S. A. (2015). An integrated approach to price differentiation and inventory decisions with demand leakage. International Journal of Production Economics, 164: 105 – 117.

[180] Raza, S. A. , Rathinam, S. , Turiac, M. , & Kerbache, L. (2018). An integrated revenue management framework for a firm's greening, pricing and inventory decisions. International Journal of Production Economics, 195: 373 – 390.

[181] Riasi, A. , Schwartz, Z. , & Chen, C. C. (2019). A paradigm shift in revenue management? The new landscape of hotel cancellation policies. Journal of Revenue and Pricing Management, 18 (6): 434 – 440.

[182] Riasi, A. , Schwartz, Z. , & Chen, C. C. (2018). A proposition-based theorizing approach to hotel cancellation practices research. International Journal of Contemporary Hospitality Management, 30 (11): 3211 – 3228.

[183] Riasi, A. , Schwartz, Z. , Liu, X. , & Li, S. (2017). Revenue Management and Length-of-Stay-Based Room Pricing. Cornell Hospitality Quarterly, 58 (4): 393 – 399.

[184] Roennevig, M. , & Media, D. (2015). What Does Overbooked at a Hotel Mean? Available online: http://traveltips.usatoday.com/overbooked-hotel-mean-108088.html.

[185] Rohlfs, K. V. , & Kimes, S. E. (2007). Customers' perceptions of best available hotel rates. Cornell Hotel and Restaurant Administration Quarterly, 48 (2): 151 – 162.

[186] Rothstein, M. (1971). An airline overbooking model. Transportation Science, 5 (2): 180 – 192.

[187] Rothstein, M. (1974). Hotel overbooking as a markovian sequential decision process. Decision Sciences, 5 (3): 389 – 404.

[188] Rothstein, M. (1985). OR and the airline overbooking problem. Operations Research, 33 (2): 237 – 248.

[189] Salanti, A. , Malighetti, P. , & Redondi, R. (2012). Low-cost pricing strategies in leisure markets. Tourism Management, 33 (2): 249 – 256.

[190] Schwartz, Z. , Stewart, W. , & Backlund, E. A. (2012). Visitation at capacity-constrained tourism destinations: Exploring revenue management at a national park. Tourism Management, 33 (3): 500 – 508.

[191] Selin, S. , & Chavez, D. (1995). Developing an evolutionary tourism partnership model. Annals of Tourism Research, 22 (4): 844 – 856.

[192] Shen, Q. , & Miguel Villas-Boas, J. (2018). Behavior-based advertising. Management Science, 64 (5): 2047 – 2064.

[193] Shen, Y. , & Willems, S. P. (2012). Coordinating a channel with asymmetric cost information and the manufacturer's optimality. International Journal of Production Economics, 135 (1): 125 – 135.

[194] Sigala, M. (2003). Competing in the virtual marketspace: a strategic model for developing e-commerce in the hotel industry. International Journal of Hospitality Information Technology, 3 (1): 43 – 59.

[195] Smith, S. J. , Parsa, H. , Bujisic, M. , & van der Rest, J. P. (2015). Hotel cancelation policies, distributive and procedural fairness, and consumer patronage: A study of the lodging industry. Journal of Travel Tourism Marketing, 32 (7): 886 – 906.

[196] Sánchez, E. C. , Sánchez-Medina, A. J. , & Pellejero, M. J. P. (2020). Identifying critical hotel cancellations using artificial intelligence. Tourism Management 35, 100718.

[197] Song, J. , Parlar, M. , & Yuan, Q. (2010). Decision making of hotel room allocation: a statistic game. In 2010 International Conference on Internet Technology and Applications (pp. 1 – 4): IEEE.

[198] Steed, E. , & Gu, Z. (2005). An examination of hotel room pricing methods: Practised and proposed. Journal of Revenue and Pricing Management, 3 (4): 369 – 379.

[199] Stringam, B. B. , & Gerdes, J. (2010). Are pictures worth a thousand room nights? Success factors for hotel web site design. Journal of Hospitality & Tourism Technology, 1 (1): 30 – 49.

[200] Suzuki, Y. (2006). The net benefit of airline overbooking. Transportation

Research Part E: Logistics and Transportation Review, 42 (1): 1 – 19.

[201] Talluri, K. T. , Van Ryzin, G. , & Van Ryzin, G. (2004). The theory and practice of revenue management (Vol. 1): Boston: Kluwer Academic Publishers.

[202] Tang, K. , & Zairi, M. (1998). Benchmarking quality implementation in a service context: a comparative analysis of financial services and institutions of higher education. Part I: financial services sector. Total Quality Management, 9 (6): 407 – 420.

[203] Taylor, T. A. (2002). Supply chain coordination under channel rebates with sales effort effects. Management science, 48 (8): 992 – 1007.

[204] Thakran, K. , & Verma, R. (2013). The emergence of hybrid online distribution channels in travel, tourism and hospitality. Cornell Hospitality Quarterly, 54 (3): 240 – 247.

[205] Theodosiou, M. , & Katsikea, E. (2012). Antecedents and performance of electronic business adoption in the hotel industry. European Journal of Marketing, 46 (1/2): 258 – 283.

[206] Toh, R. S. (1985). An inventory depletion overbooking model for the hotel industry. Journal of Travel Research, 23 (4): 24 – 30.

[207] Toh, R. S. (1986). Coping with no-shows, late cancellations and oversales: American hotels out-do the airlines. International Journal of Hospitality Management, 5 (3): 121 – 125.

[208] Toh, R. S. , DeKay, C. F. , & Raven, P. (2011a). Travel planning: searching for and booking hotels on the internet. Cornell Hospitality Quarterly, 1938965511418779.

[209] Toh, R. S. , & Dekay, F. (2002). Hotel room-inventory management: an overbooking model. The Cornell Hotel and Restaurant Administration Quarterly, 43 (4): 79 – 90.

[210] Toh, R. S., Raven, P., & DeKay, F. (2011b). Selling rooms: Hotels vs. third-party websites. Cornell Hospitality Quarterly, 52 (2): 181 – 189.

[211] Tomczyk, A. T., Buhalis, D., Fan, D. X., & Williams, N. L. (2022). Price-personalization: customer typology based on hospitality business. Journal of Business Research, 147: 462 – 476.

[212] Tse, A. C. B. (2003). Disintermediation of travel agents in the hotel industry. International Journal of Hospitality Management, 22 (4): 453 – 460.

[213] Tse, T. S. M., & Poon, Y. T. (2012). Revenue management: resolving a revenue optimization paradox. International Journal of Contemporary Hospitality Management, 24 (4): 507 – 521.

[214] Tso, A., & Law, R. (2005). Analysing the online pricing practices of hotels in Hong Kong. International Journal of Hospitality Management, 24 (2): 301 – 307.

[215] Ugarte, A., & Oren, S. (2000). Coordination of internal supply chains in vertically integrated high-tech manufacturing organizations (HTMOs). International Journal of Production Economics, 67 (3): 235 – 252.

[216] Umezawa, M. (2022). Behavior-based price discrimination in a horizontally and vertically differentiated duopoly with switching costs. Information Economics and Policy, 61, 101004.

[217] Vargo, S. L., & Lusch, R. F. (2004). The four service marketing myths remnants of a goods-based, manufacturing model. Journal of Service Research, 6 (4): 324 – 335.

[218] Vernon, J., Essex, S., Pinder, D., & Curry, K. (2005). Collaborative policymaking: Local sustainable projects. Annals of Tourism Research, 32 (2): 325 – 345.

[219] Villas-Boas, J. M. (2004). Price cycles in markets with customer recog-

nition. RAND Journal of Economics, 35 (3): 486 – 501.

[220] Vinod, B. (2004). Unlocking the value of revenue management in the hotel industry. Journal of Revenue & Pricing Management, 3 (2): 178 – 190.

[221] Von Stackelberg, H. (2010). Market structure and equilibrium: Springer Science & Business Media.

[222] Wang, X. L. (2012). Relationship or revenue: potential management conflicts between customer relationship management and hotel revenue management. International Journal of Hospitality Management, 31 (3): 864 – 874.

[223] Wang, Y., Jiang, L., & Shen, Z. J. (2004). Channel performance under consignment contract with revenue sharing. Management Science, 50 (1): 34 – 47.

[224] Wang, Y. J., & Kao, C. S. (2008). An application of a fuzzy knowledge system for air cargo overbooking under uncertain capacity. Computers & Mathematics with Applications, 56 (10): 2666 – 2675.

[225] Weatherford, L. R., & Kimes, S. E. (2003). A comparison of forecasting methods for hotel revenue management. International Journal of Forecasting, 19 (3): 401 – 415.

[226] Weatherford, L. R., Kimes, S. E., & Scott, D. A. (2001). Forecasting for hotel revenue management: Testing aggregation against disaggregation. The Cornell Hotel and Restaurant Administration Quarterly, 42 (4): 53 – 64.

[227] Weatherford, L. R. (1995). Length of stay heuristics: do they really make a difference? The Cornell Hotel and Restaurant Administration Quarterly, 36 (6): 70 – 79.

[228] Weissmann, A. (2014). 2014 Consumer Trends. Available online:

http：//www. travelweekly. com/Travel-News/Travel-Agent-Issues/2014-Consumer-Trends （2015 – 04 – 10）.

[229] Wirtz, J. , & Kimes, S. E. (2007). The moderating role of familiarity in fairness perceptions of revenue management pricing. Journal of Service Research, 9 (3)：229 – 240.

[230] Wong, K. K. , & Kwan, C. (2001). An analysis of the competitive strategies of hotels and travel agents in Hong Kong and Singapore. International Journal of Contemporary Hospitality Management, 13 (6)：293 – 303.

[231] Wu, X. , Zha, Y. , & Yu, Y. (2022). Asymmetric retailers' sales effort competition in the presence of a manufacturer's help. Transportation Research Part E：Logistics and Transportation Review, 159, 102625.

[232] Xie, J. , & Gerstner, E. (2007). Service escape：Profiting from customer cancellations. Marketing Science, 26 (1)：18 – 30.

[233] Xu, L. , He, P. , & Hua, Z. (2014). A new form for a hotel to collaborate with a third-party website：setting online-exclusive-rooms. Asia Pacific Journal of Tourism Research, 1 – 21.

[234] Yacouel, N. , & Fleischer, A. (2012). The role of cybermediaries in reputation building and price premiums in the online hotel market. Journal of Travel Research, 51 (2)：219 – 226.

[235] Yang, H. , Song, H. , Cheung, C. , & Guan, J. (2021). How to enhance hotel guests' acceptance and experience of smart hotel technology：an examination of visiting intentions. International Journal of Hospitality Management, 97, 103000.

[236] Yang, J. , Flynn, J. , & Anderson, K. (2014a). E-business application in the hospitality industry：A case study. Communications of the IIMA, 3 (1)：1.

［237］ Yang, Y. , Pan, B. , & Song, H. (2014b). Predicting hotel demand using destination marketing organization's web traffic data. Journal of Travel Research, 53 (4): 433 – 447.

［238］ Yelkur, R. , & Nêveda DaCosta, M. M. (2001). Differential pricing and segmentation on the Internet: the case of hotels. Management Decision, 39 (4): 252 – 262.

［239］ Yoon, M. G. , Lee, H. Y. , & Song, Y. S. J. J. O. A. T. M. (2012). Linear approximation approach for a stochastic seat allocation problem with cancellation & refund policy in airlines. Journal of Air Transport Management, 23: 41 – 46.

［240］ Zaki, K. (2022). Implementing dynamic revenue management in hotels during Covid-19: value stream and wavelet coherence perspectives. International Journal of Contemporary Hospitality Management, 34 (5): 1768 – 1795.

［241］ Zhang, X. , Wang, P. , Wang, Y. , & Wang, G. (2010). Regulatory focus and recovery fit in airline overbooking. In 2010 Industrial Engineering and Engineering Management (IEEM) (pp. 758 – 761). Macao, China: IEEE.

［242］ Zhu, Y. , Chen, Y. , Wang, X. , Nie, T. , & Du, S. (2023). Procedural fairness concern in tourism supply chain: The case of a dominant OTA and a sustainable hotel. Computers & Industrial Engineering, 108919.